KIKA SALVI

MULHER À MODA ANTIGA
UM OLHAR DE HOLOFOTE SOBRE OS RELACIONAMENTOS

ILUSTRAÇÕES DE CASSIANO REIS

KIKA SALVI

MULHER À MODA ANTIGA
UM OLHAR DE HOLOFOTE SOBRE OS RELACIONAMENTOS

ILUSTRAÇÕES DE CASSIANO REIS

SÃO PAULO - 2007

MULHER À MODA ANTIGA
UM OLHAR DE HOLOFOTE SOBRE OS RELACIONAMENTOS

Copyright© 2007 DVS Editora Ltda
Todos os direitos reservados para a língua portuguesa pela editora.

Nenhuma parte dessa publicação poderá ser reproduzida, guardada pelo sistema *retrieval* ou transmitida de qualquer modo ou por qualquer outro meio, seja este eletrônico, mecânico, de fotocópia, de gravação, ou outros, sem prévia autorização, por escrito, da editora.

Projeto gráfico: Alexandre Ferreira
Revisão: Pricila Del Claro
ISBN: 978-85-88329-41-6

Dados Internacionais de Catalogação na Publicação (CIP)
(Câmara Brasileira do Livro, SP, Brasil)

Salvi, Kika
    Mulher à moda antiga : um olhar de holofote sobre os relacionamentos / Kika Salvi ; ilustrações de Cassiano Reis. – São Paulo :
DVS Editora, 2007.

   1. Amor 2. Casais 3. Homem-mulher - Relacionamento 4. Intimidade (Psicologia) 5. Sexo
I. Reis, Cassiano. II. Título.

07-3652   CDD-306.7

Índices para catálogo sistemático:

1. Homens e mulheres : Relacionamento : Sociologia
     306.7
2. Relacionamento : Homens e mulheres : Sociologia
     306.7

Para Alice, Sofia,

Franco e Teresa.

Com amor e gratidão.

É precisamente nas coisas

mais profundas e importantes

que estamos indizivelmente sós.

Rainer M. Rilke, *Cartas a um Jovem Poeta*

APRESENTAÇÃO

Para usar as palavras da autora, este livro é uma verdadeira "redenção". Quando começamos a cuidar deste projeto, já conhecíamos a obra anterior – *Kika, A Estranha - Aventuras e Desventuras de uma Colunista de Sexo Descasada*. Não se trata de uma continuidade, mas alguma comunicação evidentemente existe. Na primeira vomitava sapos, causava indignação e os mais controversos sentimentos. Agora, contando com as fabulosas ilustrações de Cassiano Reis, continua nos emocionando, a partir da sinceridade com que expõe anseios, sentimentos, muitas conclusões e ainda assim algumas dúvidas. Tudo sempre refletindo um contínuo e profundo processo de amadurecimento.

Trata-se de uma abordagem multifacetada, a partir de um olhar cuidadoso, sobre a aventura existencial que os relacionamentos proporcionam.

Nas mulheres de sua geração e provavelmente nas próximas, provocará muita identificação, mas sobretudo, a certeza de que navegar no mar de aprendizados, perplexidade e surpresas que as relações nos reservam é muito mais interessante do que a chegada em qualquer porto, por mais seguro que este possa parecer.

Gustavo Chierighini
DVS Editora

PELA ESTRADA AFORA
EU VOU – BEM – SOZINHA

Qual a nossa grande força propulsora? Dinheiro? Fama? Sucesso? Amor? Sexo? Deus? (Não foi à toa que deixei o divino por último...). Não sei. Quanto mais eu olho em volta, menos sentido encontro no que vejo. Em todos os sentidos.

Somos os herdeiros de uma série de transformações que marcou o mundo inteiro – a pílula anticoncepcional, o triunfo (e não apenas a entrada) da mulher no mercado de trabalho, a dissolução da família nuclear (pai, mãe e filhos), a liberdade sexual e o desenvolvimento tecnológico. Em menos de uma década, o celular e a Internet se tornaram indispensáveis e as relações foram permeadas pelo contato virtual. Isso tudo há de surtir algum efeito sobre os sentimentos e, de maneira muito sentida, mas ainda pouco refletida, sobre os relacionamentos.

Em 2004 minha grande preocupação era entender a dissolução do (meu) casamento e as maneiras pelas quais era possível voltar a ser solteira, física e emocionalmente. Motivada pela missão de reencontrar um estado de espírito liberto (e sua efetiva correlação), escrevi *Kika, A Estranha – Aventuras e Desventuras de uma Colunista de Sexo Descasada*. Porque era recém-descasada, aparvalhada pelo novo estado de coisas que a vida assume com o divórcio, em busca de aventuras (mas invariavelmente bem desventurada na missão) e assinava uma coluna sobre sexo na revista VIP. E, acima de tudo, sentia-me completamente estranha a tudo e a todos, sem referências e sem norte.

O resultado foi um jorro de palavras que em menos de dois meses preencheu 260 páginas. *Voilà*, o livro estava escrito – um verdadeiro compêndio de indiscrições, lamúrias e cinismo, que só não se consagrou um desastre porque a narrativa era bem-humorada e auto-irônica. No fundo, *A Estranha* é muito triste, mas foi assimilado pela crítica especializada como literatura erótica(?!).

Mulher à Moda Antiga é a antítese de *A Estranha*, eu diria até que sua redenção. Também parte de crônicas sobre relacionamento (que eu escrevia na América online), mas não abusa do direito de ser franca, como no primeiro, nem descreve em minúcias orgasmos fingidos e tímidas ereções dos "comensais". Entre crônicas da AOL e inéditas, meu foco, desta vez, é buscar uma lógica do encontro, uma ordenação do caos emocional em que vive a minha geração (e desconfio que será ainda pior para minhas filhas). É, enfim, uma meticulosa, apaixonada e descarada especulação sobre o sexo e o amor em tempos de individualismo imperativo, bombardeio de informações (e de pessoas, que passam diante de nossos olhos em velocidade acelerada demais para poderem ser assimiladas) e solidão.

Entre relatos pessoais e fictícios, passeio pela seara amorosa contemporânea imbuída do mais autêntico espírito reflexivo e me pergunto: que fim levou o amor? Não que eu tenha a resposta, mas abuso das possibilidades, num afã por entender e – olhe o otimismo – fazer melhor. Se fui bem-sucedida ou não na parte prática, ainda hei de descobrir.

Acho que não existe síntese, nem começo, nem fim. É tudo infinitamente transitório e incompleto, e lidar com o sentimento de impermanência com alegria e serenidade é nosso grande desafio. O importante é caminhar, absorvendo e transformando a paisagem em carne assimilada. A aventura é justamente a viagem que, em essência, é muito mais encantadora que o destino. Ou não?

ÍNDICE

Verborragia do amor alucinado 19

Sou uma mulher à moda antiga 25

O papel social da mulher ociosa 33

As belas marcas do tempo 41

A história de Clarice e Eduardo olhando o mar 49

Os vazios conjugais e seus recheios 59

A culpa é da abundância de matéria-prima 67

O amor não nasce pronto 73

Visitando o passado, vislumbrei o meu futuro 79

Adeus ao exoesqueleto 87

Na saudade, a certeza que te amo 95

Evolução às avessas 101

Cada um com sua bandeira 107

O outro em mim 115

Do abismo à epiderme 121

O que não se traduz 127

Não gosto de você 135

Um judeu ortodoxo na janela 143

A arte do encontro 149

Salvo pelo arquivo morto 155

VERBORRAGIA DO AMOR ALUCINADO

MULHER À MODA ANTIGA KIKA SALVI

ERA A OSMOSE E A SIMBIOSE LUMINOSA
DE UM CASAL APAIXONADO

Um dia eu disse que o amava. Num daqueles instantes em que o controle nos escapa e o corpo é uma choupana de emoções exuberantes. Devia estar em ebulição, ou buliçosa, e ainda evaporava os líquidos secretos e arrepiava os furinhos da epiderme. Incandescia de gozo e de paixão e só queria ser pequena o bastante para caber inteira dentro dele e não ser nunca abandonada, então escapou o "eu te amo".

Não que fosse uma imprudência, ou precipitação de minha parte. Porque essas coisas não se medem, nem em risco nem em tempo. Ou nos deixamos por elas acometer, ou não há amor. Mas era pouco, muito pouco perto da energia que convulsionava as entranhas e carecia de tradução, se não em gestos de fome e devoção, numa fala que pudesse transbordar o coração.

O corpo se agitava frenético e gostoso, num ritmo que já não era dele, mas que se embalava no contínuo de um par. Era a osmose e a simbiose luminosa de um casal apaixonado cintilando sob hordas de cobertas invernais, e o pensamento insistindo em fazer parte, quando o corpo já era há muito o protagonista do espetáculo.

Mas ele insistia, e pensava, em cascatas. Nada que profanasse o ritual dos mais sagrados, muito ao contrário – os neurônios se empenhavam, atordoados, em acompanhar aquela valsa de compassos e descompassos tão sublime e, por sentirem-se aquém de tal missão, tentavam em vão aproximar-se do que conheciam de mais nobre, a poesia.

Queriam fazer bonito e estar à altura daquela cena, já que era tanto sentimento que gritava por socorro pedindo uma mãozinha por respaldo intelectual. Sim, porque não há amor que se sustente quando não sabe o que dizer. O corpo se agitava

num frenesi cada vez mais alucinado, e o coração bombeava e se estufava cada vez mais emocionado, e os pobres dos neurônios ali, com aquela missão praticamente impossível, à beira da loucura, unidos em prol de dar a sua contribuição naquela pirotecnia de sensações.

Foi um tal de apelar para Vinicius de Moraes e seu "de tudo ao meu amor serei atento", emendando logo um Chico e seu "deixa eu te proteger do mal, dos medos e da chuva", pulando praquela outra, a do "se ao te conhecer dei pra sonhar, fiz tantos desvarios..." e ainda aquela "oh pedaço de mim..." indo rapidinho pro Jobim, praquela canção linda que eu amo de paixão e nunca lembro o nome, mas queria tanto tocar pra ele no violão, "é... só eu sei..." quanto amor eu guardei, sem saber que era só pra você..." Daí a neuroniozada deu *tilt*, porque tudo o que soprava pra galera do batuque e do bem-bom, recebia com vaia e críticas pesadas. "É muito mixuruca!", rebentava o coração, que além de intensidade exigia que eu também fosse original. Tudo isso enquanto amava, com o corpo e com a alma. Haja saúde e sinapse!

Então eu disse que o amava. Foi o máximo que pude, e por pouco não saiu. O pensamento estava a mil, mas a respiração também estava e o fôlego rareou. Saiu um sussurro, sem a menor pista de que por dentro tinha um exército batalhando pelo momento glorioso da declaração de amor. Tão cheia de boas intenções, tão intensamente apaixonada e tão pouco original. Resvalei para o inexorável "eu te amo", para o banal e universal "eu te amo".

Ele ouviu e me olhou de olho brilhante. Sorriu um riso enorme e me beijou. Não disse nada, graças a Deus, porque mais frustrante do que não ouvir primeiro dele que me ama é escutar um chocho "eu também", parece aquela história do filme *Ghost*, ela sempre se declarava, ele sempre dizia "idem", uma tris-

22

teza. O olhar feliz e o sorriso largo, seguidos do beijo intenso, foram uma espécie de "eu também", "silencioso e branco como a bruma", pra ficar com o Jobim.

    Segundos depois, enquanto ainda retomávamos o fôlego, ele ainda me olhava, e ficou sério. "Você vai se resfriar", ele disse. Se levantou, procurou no emaranhado de cobertas a minha camiseta, e tão logo a encontrou tratou de tirá-la do avesso, parte por parte, e depois a vestiu em mim, primeiro a cabeça, depois uma manga, por último a outra. Me cobriu muito bem coberta, me beijou e abraçou forte, tudo em devoto e silencioso amor. Depois dormimos, felizes. E ele, sem saber, fez a declaração de amor mais linda que já tive.

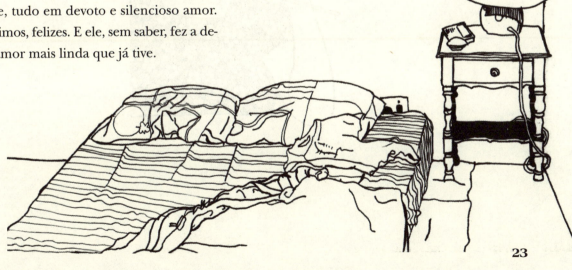

SOU UMA MULHER
À MODA ANTIGA

HÁ QUE SE TER CALMA PARA
VIVER OS CICLOS NATURAIS

Se eu pudesse, seria esta a vida que eu iria escolher. Com menos pressa e mais prazer.

"Calma" me parece uma palavra suprimida do dicionário da vida contemporânea. E está tão ligada ao lado feminino do humano, àquele que contempla, que sossega, que atende, espera e acolhe. Há que se ter calma para viver os ciclos naturais, para suportar cada um de seus instantes. Não se vive mais com calma, não se saboreia mais a espera. A era tecnológica associou a espera ao desperdício, ocasionando em quem espera um sentimento de inutilidade e angústia. Temos tudo instantâneo, de sopa a comunicação, e elaborar demoradamente aquilo que será entregue ao outro ou consumido por nós mesmos, seja no trabalho ou em casa, é uma experiência que nos foi extirpada pela cultura do imediatismo.

Penso que todos perdem muito nesse afã pela velocidade, pela pressa em estabelecer resultados e atingir metas (no trabalho são estabelecidas pela empresa, no lar são as normas da praticidade e economia, seja de tempo, de dinheiro, de energia, sempre ela, a política do menor esforço sobrepondo-se à entrega e à dedicação que leva tempo, muito tempo). Mas acho que as mulheres perdem mais, ou talvez eu perca muito, e fique inconformada de não ouvir da boca de outras mulheres reclamações iguais às minhas.

Adoro poder ficar em casa. Até bem pouco tempo, isso me agoniava. Até que descobri a possibilidade de estabelecer um bom diálogo com o mundo, sem ter que necessariamente interagir diretamente com ele, e considero um privilégio ter essa "conversa" de dentro da minha toca. Me preservo do que é ruim (horários, trânsito, poluição, colegas importunos, chefes arrogantes, notícias desagradáveis, máquinas de café) e me concentro naquilo que agrega coisas boas à minha escrita, que me faz pensar, me comove, espanta ou instiga. E sobra tempo.

Acima de tudo, adoro o tempo livre. Pra poder olhar as minhas meninas e assistir seu crescimento. Como é lindo ver crescer uma menina. Tudo delicado e de faz-de-conta, quase tudo cor-de-rosa. Tudo lantejoula, tudo tule e laço de fita. Muito riso, muito choro. E ensinar a ser feliz é o mais bonito de ser mãe. Pegar no colo, conter o choro, secar a lágrima e dizer que é assim mesmo, que a gente cai, que às vezes dói, que às vezes sangra, mas que sara. Mas que é pra tomar cuidado, porque às vezes pode machucar demais. E que é preciso rir, porque entre um tombo e outro existem a diversão, as descobertas e a varinha de condão.

O tempo livre é bom para poder inventar histórias, como as que eu publico e as que eu guardo para mim. Porque quem escreve é assim mesmo, escreve sempre, e escreve à toa, porque é quase compulsão, e se não escreve fica doido. E depois bordo ou costuro bolsa e almofada pras crianças, e também de presente pra quem amo. E enquanto bordo ou costuro as almofadas, fico pensando no dono do presente, e em cada pontinho da agulha penso baixinho um "eu te amo" feito reza de velhinha, pra ficar o meu amor na casa toda onde estiver a almofada.

Olho em volta e ainda há tempo, e comidinhas pra fazer, a gatinha pra brincar, as plantas pra cuidar, e dá uma preguiça, porque quando se tem tempo é que não dá vontade de fazer nada mesmo, e penso se faço alguma coisa ou se durmo, então eu durmo um bocadinho, o que é que custa? E quando acordo, dou um gás naquilo tudo que ficou para ser feito e eu fui deixando até não poder mais arrastar. Geralmente é nessa hora que me lembro de uma amiga, uma que vive dando bronca, porque acha que eu tinha que ser uma grande executiva, e sinto um certo calafrio. Ela acha um despautério eu ficar em casa, em vez de subir que nem foguete numa empresa. Ela acha o fim de todas as picadas eu perder tempo cozinhando, em vez de comprar comida congelada e fazer um MBA.

Ela também me acha ingênua por ainda acreditar na possibilidade de um amor intenso e verdadeiro (e cúmplice, e terno, e eterno, quem sabe?) e só falta me espancar quando digo que não sei se teria mais um filho num segundo casamento. Ela desconfia de homens. Ela acha que o destino de todo relacionamento é a traição e o abandono. Ela é uma grande executiva. Ela quer ganhar muito dinheiro e acredita que essa é a única maneira de ser respeitada por um homem. Ela quer viajar o mundo sozinha. Ela não pensa em filhos – gravidez deforma o corpo – o homem se desinteressa e arruma outra, criança dá trabalho e ela gosta de dormir a noite toda. Ela adora sexo e quer fazer sexo selvagem a vida inteira. Fiquei pensando nela, em quanto tempo somos amigas e no quanto estamos nos tornando a antítese uma da outra.

Quase noite e fui tomar um belo banho, com resquícios da amiga no pensamento, mas já de volta ao meu mundinho. Minha filha mais velha pediu para eu comprar uma planta carnívora, preciso encontrar o endereço da floricultura especializada.

A mais nova quer que eu faça a receita de rosquinha de aveia. Estreou uma peça nova no teatro aqui pertinho, e acho que elas vão gostar. Esse sabonete novo é uma delícia, hoje nem vou usar o óleo de banho, o cheiro é tão gostoso... Enquanto conto historinhas, elas vão pegar no sono. Espero um pouco na poltrona, até que durmam. Penso nele com saudade, e no que é que vou vestir para esperá-lo. Escolho a camisola branca de cambraia, com rendinhas. Sou uma mulher à moda antiga. Depois, já deitada em minha cama, penso em tudo o que faremos quando ele tirar minha camisola. E penso que, se eu pudesse, viveria só de amor.

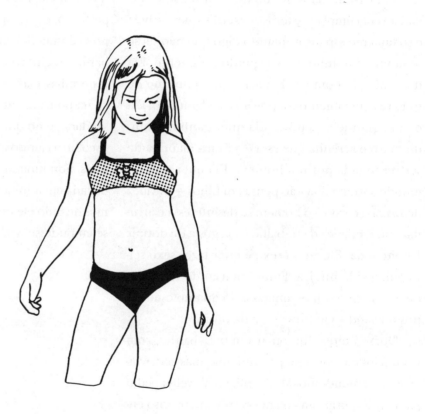

O PAPEL SOCIAL DA MULHER OCIOSA

OS ABISMOS SOCIAIS TAMBÉM
CARREGAM OS SEUS ENCANTOS

Estava eu esturricando a pele alva à beira da piscina, em plena terça-feira, numa manhã quente e luminosa, enquanto vigiava as brincadeiras subaquáticas das crianças e apurava os ouvidos com o CD do Tom Jobim. Fazia um esforço hercúleo na tentativa de esquecer o déficit bancário, o condomínio do prédio atrasado, o calote que tomei de um trabalho, o barulho estranho no motor do carro, a resposta de emprego que ainda não veio. Se me tornasse um abatimento ambulante, daí mesmo que nada ficaria bom, e resolvi me distrair, em companhia das crianças, que mereciam ser poupadas de tanta aridez, e fomos à piscina.

Se não posso antecipar (e muito menos controlar) o que virá, tento aplacar o que está próximo. E existe sempre uma escolha – enaltecer o sofrimento, muitas vezes legítimo e necessário, ou revertê-lo numa experiência menos desgastante, mais amena, menos trágica, o que não significa leviandade com os sentimentos ou superficialidade. Questão de estratégia de sobrevivência na selva (esta selva pós-moderna que nos consome e nos enlouquece lentamente) e de adaptação da espécie – é isto ou a morte.

Não que se possa concretamente morrer das agruras da existência, mas morre-se aos poucos, sugado pelas exigências que a vida contemporânea nos faz, tantas e a um grau tal que, exauridos, vivemos praticamente sem alma. Nossa alma se esvai na falta de tempo para o lazer, para o ócio, para o amor, na falta de dinheiro para as contas, na falta de sono, na falta de emprego. Cair na armadilha dessa consumação sem fim é facílimo, e muitas vezes imperceptível, e daí essa necessidade de criarmos mecanismos próprios que nos garantam (ou causem a ilusão de garantir) sanidade. O meu é esse, a que chamo "reversão".

Voltando à piscina. Era um dia de muita aflição. E existiam duas formas de lidar com isso: alimentando a aflição, fazendo de tudo para justificá-la, ou buscando alternativas de alívio. O simples fato de tomar banho de sol com as meninas, em vez de manter rigorosamente a rotina da semana, anunciava um grande empenho, já que dificilmente teríamos deixado de lado as inúmeras tarefas corriqueiras para um banho de piscina. Porque relaxar é tão importante quanto qualquer cumprimento de tarefa, ou até mais, e somente abandonando brevemente as obrigações é que nos damos conta disso.

As meninas estavam exultantes e eu completamente relaxada, e aproveitei a baixa audiência do público naquele dia e horário pra botar o biquininho mais minúsculo da gaveta. Teria a paz e o bronzeado que eu tanto merecia. Com Tema de Amor por Gabriela no ouvido e me lembrando do meu moço bonito, no pensamento o velho e bom clichê "isso é que é vida!". Então notei que estacionou um caminhão bem diante do portão que dava acesso à piscina, mas que raramente era aberto. E que foi do "raramente" ao 100% de abertura bem no instante em que eu estava estatelada sob o sol, com meu biquininho indecente, toda suada e com ares de madame ociosa.

Minha vontade era correr, bem rapidinho, pegar a canga e me enrolar, porque a seqüência inevitável dessa cena seria a entrada de um bando de fortões carregando alguma coisa. E obviamente eu não estava enganada. Em um minuto saltaram oito ou nove homens uniformizados com macacões acinzentados, todos fortes e parrudos, de luvas grossas e olhar rústico. Estávamos a poucos metros de distância e meu constrangimento chegava a retumbar, mas estava petrificada pela presença da platéia e tentava avaliar o que seria menos embaraçoso, continuar ali exposta, quase sem respirar, ou levantar e caminhar até a mesa onde estavam as minhas coisas, o que daria uns dez passos, pelo menos. Dez passos de pura humilhação, de reboladas seminuas e perigando tropeçar. Calculei que ser estátua, àquela altura, causaria menos estardalhaço. Eles fariam a tal entrega e iriam logo embora. E foi o que eu fiz, tentei ser confundida com o chão de pedras da piscina.

Notei que a entrega era enorme, bem pesada, daí a razão de tantos homens. E mesmo assim o esforço que fizeram para tirar o objeto do caminhão foi descomunal, o que fez com que antes mesmo que dessem o primeiro passo em direção à quadra já estivessem ensopados de suor. O sol estava quase a pino e senti uma enorme culpa por estar ali tão à vontade, refrescada pela água de coco, curtindo meu maestro predileto e vigiando minhas meninas, enquanto aqueles pobres homens esfolavam o corpo inteiro atrás do sustento da família, e achei a vida muito injusta.

Imediatamente, a aflição que eu sentia pelas contas a pagar, pelo saldo negativo, pelo calote que levei, pelo carro com defeito e pela contratação que ainda não veio foi substituída por um sentimento de injustiça, de que o mundo estava todo errado.

Afinal, eu, desempregada e cheia de problemas, tentava abrandá-los à beira da piscina, enquanto aqueles homens, trabalhadores, provavelmente jamais teriam a oportunidade de um momento como aquele, nem mesmo em suas férias.

Estava quase absorvida pela idéia de uma revolução social quando eles finalmente deram início ao transporte do objeto para dentro do condomínio, e o questionamento das desigualdades sociais deu lugar, de novo, ao embaraço e à timidez. Conforme eles iam se aproximando, eu ia lentamente me afundando na espreguiçadeira, agora não somente com vergonha do meu corpo seminu, mas também de estar toda formosa, esparramada sob o sol, àquela hora, em plena terça-feira. Senti vergonha de ter queixas e me afundei, crente de que seria apedrejada se os fitasse.

Com a proximidade notei um alvoroço, um rebuliço adolescente, e num ato de ousadia olhei pra ver o que ocorria. Não encontrei uma turba oprimida, de olhar furioso ou fustigado de cansaço, nem a revolta que eu pensei que enxergaria quando botasse os olhos neles lá do alto da piscina. Eles eram um emaranhado de músculos exaltados, suor e adrenalina, mas tinham ainda ali espaço para admirar, durante a travessia pela piscina, a madame de biquíni. Todos de olhos arregalados, sobrancelha feito radar em operação e sorriso disfarçado de menino.

Só me restava, àquela altura, recompensá-los por todos os esforços e me desculpar, de alguma forma, pela opressão e ostentação a que estavam expostos (e a que eu os tinha exposto, sem querer) no ambiente de trabalho. Imbuída de um espírito altruísta, compartilhei com eles o que podia. Se não podia convidá-los à piscina, tratei de corrigir a postura, tão afundada de vergonha. Empinei o peito e cruzei as pernas. E, é claro, retribuí todo o fascínio da platéia com um sorriso. Porque o papel social da mulher ociosa é dar alegria a quem trabalha.

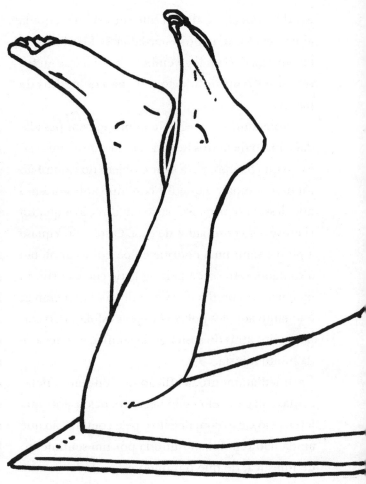

AS BELAS
MARCAS DO TEMPO

MULHER À MODA ANTIGA KIKA SALVI

EM TODO MOVIMENTO EXISTE UM DESGASTE
E UMA MARCA DELE RESULTANTE

Duas vezes fui rasgada ao meio, e duas vezes trouxe ao mundo crias lindas. Verti pernas, braços, troncos e cabeças. Rebentei dois corações, cada um no tempo que elegi, cada qual pulsando à sua maneira, e nunca mais eu fui a mesma depois disso. Duas vezes experimentei ser remendada, uma por dentro, outra por fora, e serei sempre cicatrizes. E, ao contrário do que possa parecer, acho bonito carregá-las. Os vestígios das costuras lembrando-me de que não houve espaço suficiente para que o bebê dentro de mim deslizasse para o mundo sem tanto sofrimento.

Penso que, como na gestação, em todo movimento existe um desgaste e uma marca dele resultante. Da gravidez herdei dezenas – desde pequenas cicatrizes em forma de estrias na pele superesticada da barriga, das coxas e dos seios (que adquiriram dimensões nada modestas no período de acúmulo de reservas para a prole), até tecidos que não voltaram exatamente ao lugar de onde saíram antes da metamorfose procriativa. Viver desgasta e deixa marcas em tudo quanto possa ser impresso.

Basta olhar no espelho, e está tudo registrado. Os vincos da minha boca, me lembram que sorri. E sorri muito, de ladinho, primeiro o lado esquerdo, depois com o direito, porque minha boca vai assim, primeiro um lado, depois o outro. E quando gargalha, se desdobra, e são dois vincos, mas só do lado esquerdo (de novo ele, o direito deve ser um pouco envergonhado). Olhando a boca nunca enxergo nada triste, nada feio e nada angústia, porque as trevas, por mais que venham lá do fundo, no rosto aparecem lá no alto, sombreando a minha testa. E é ali que se transformam numa cerca enrugada em que tudo se mistura e se embaralha, e é preciso estar atenta para enxergar o que foi

43

um dia frustração, o que é preocupação, o que foi dor intensa (esta é sem dúvida a ruga mais profunda), o que é lamento, o que é tormento. Cada uma delineada sobre a outra, em paralelo – às vezes uma delas sobressai, às vezes todas se encrespam feito mapa hidrográfico, e às vezes adormecem tão profundamente que até chego a me esquecer de que estão aqui, bem no centro da minha testa.

E por mais inadequado que possa soar "eu nunca faria isso", sucumbo preguiçosa à tentação de afirmar que jamais aplicaria um botox na minha testa, no intuito de apagar dela a minha vida. Talvez eu parecesse bem mais moça com a testa toda lisa (ainda não sei qual a vantagem de aparentar vinte anos quando se tem trinta, e detestaria aparentar quarenta aos sessenta, por isso insisto na postura do "jamais"), mas a dureza e a página em branco que a aplicação da tal enzima faz aparentar é certamente o que mais me incomoda. Acho triste uma mulher dar mais valor à testa lisa do que a tudo aquilo que viveu e que carrega impresso em seu corpo.

Meus olhos se esforçaram para ver, e se espantaram, se emocionaram e caíram em pranto convulsivo. Foram tantos movimentos, tanto riso e tanto choro que não poderiam nunca ser vazios de tracinhos expressivos, daqueles pés-de-galinhas que a peruada corre no cirurgião para corrigir, num afã de ser mais bela e mais amada. E sair de lá com olhos de boneca, olhos ingênuos, de quem se esqueceu que já viu um mundo e uma vida, e com pescoço de cadáver, sem tônus e sem coerência, buscando em golas e em lenços o disfarce para o frescor que não possuem. Falta-lhes o orgulho por serem portadoras de histórias, e sobram-lhes lacunas e tentativas de resgate de uma mocidade que se alimenta do simples fato de ser jovem, sem poesia, sem conquistas.

As marcas estão no corpo e estão na casa. Contam como é a vida, sem que seja preciso enunciá-la. Na madeira da mesa, há marcas das canecas de chá que tomo enquanto escrevo, todo fim de tarde. Poderia usar um apoio, mas aprecio a marca na madeira, mais do que a madeira incólume. Seus vincos, o desgaste do verniz onde apoio a caderneta de idéias. A poltrona da sala toda arranhada pela gatinha, o tecido puído na beirada. Seria correto proibi-la de afiar as garras na poltrona, ensiná-la a fazê-lo somente em lugar apropriado e, feito isso, reestofar a poltrona de veludo.

Mas não, gosto justamente de olhar a casa e ver as marquinhas da Biju na beirada da poltrona. Essa é uma casa que tem uma gatinha, linda, a quem as meninas amam, e que afia as garras na poltrona de veludo. No corredor do quarto tem um traço de caneta na parede, e sobre ele está escrito "Alice vai até aqui". Minha filha mediu sua altura e volta e meia encosta a cabeça ali para observar seu crescimento. Se eu tivesse feito isso quando criança, teria levado uma bronca e tanto, e seria obrigada a limpar a parede. Paredes não são lugar para escrever, mas essa é uma casa de crianças. Alice está crescendo, e quase estremeço de alegria quando passo pelo corredor, na ausência delas, e leio "Alice vai até aqui".

Não apago nenhum registro da minha vida, por mais que algumas marcas possam ser consideradas feias. Porque delas me alimento, me identifico e sou capaz de traçar o meu caminho. Para refinar a experiência e dar a ela os contornos que desejo, e não aqueles que todos os *slogans* insistem em martelar. Faço questão de relembrar todo o percurso: tenho estrias no seio porque um dia tive muito leite e alimentei as minhas filhas. Tenho rugas porque ri, porque chorei, porque me agoniei e porque amei. Tenho cabelos brancos porque me preocupei demais. Carrego no meu corpo as marcas da minha vida e deixo que elas contem uma história. Só assim sinto que posso continuar a escrevê-la, sempre e do meu jeito.

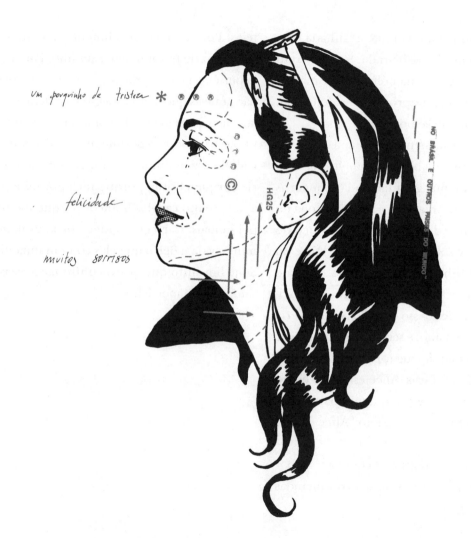

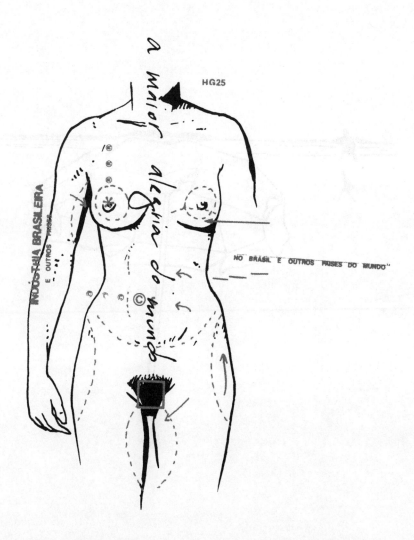

A HISTÓRIA DE CLARICE E EDUARDO OLHANDO O MAR

EM MEIO A CASAIS APAIXONADOS,
NOTEI UM CUJO DESTAQUE ERA O SILÊNCIO

51

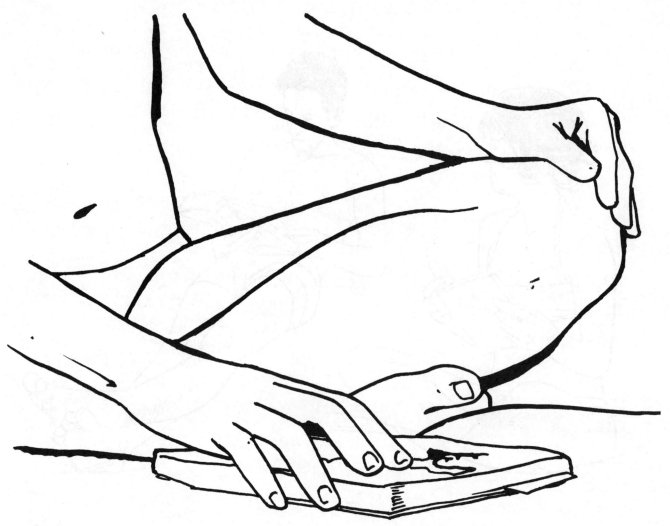

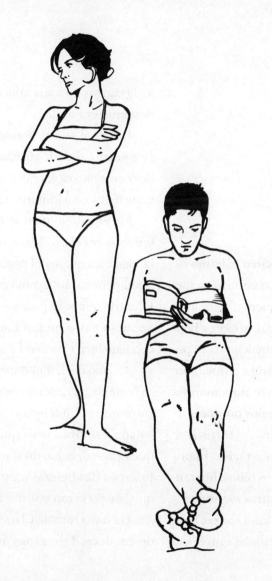

Feriados como aquele são o bálsamo de que todos precisam para esquecer as agruras da metrópole e afundar os pés na areia quente. Nem mesmo o vaivém dos ambulantes e seus isopores bem fornidos de cervejas e salgadinhos malcheirosos poderiam perturbar a paz de um dia azul e ensolarado, inteirinho dedicado a ver o mar, a sentir a maresia e a esquentar a epiderme sob os raios outonais.

As ondas vinham fortes e somente os surfistas se arriscavam a encará-las, restando aos mais sensatos a lúdica tarefa de apreciá-las com os olhos, liberando o ímpeto e os sentidos para outras aventuras.

Em meio a ninfetas assanhadas, rapazes com hormônios exaltados, famílias excitadas entregues a algazarras e casais apaixonados, notei um cujo destaque era o silêncio.

Um casal jovem, bonito, munido de livros, revistas e jornais, além de guarda-sol, cadeiras, esteira, água-de-coco e filtro solar fator 50. Vinham para ficar bastante tempo, e a indumentária anunciava a intenção.

Ele era quem mais se concentrava na leitura, e seu foco era claro. Trazia um livro enorme na sacola, algo com quase mil páginas, e se atinha a elas com a compenetração de um vestibulando. Tinha cara de Eduardo, embora pudesse ser um Pedro, um Juliano, um Otávio ou um Lacerda. Mas Eduardo lhe caía feito luva, e comecei a enxergá-lo com esse nome.

Ao lado dele, muito menos concentrada, a moça se remexia na cadeira como quem está com bicho-carpinteiro. Uma bela de vinte e poucos anos, devotada à sombra mais que ao sol, e era prudente que ficasse debaixo do sombreiro de areia enquanto sorvia das belezas naturais daquela praia. Mais que isto seria um convite à insolação.

Ela tinha cara de Clarice, e certamente seu apelido era doce. Talvez fosse uma Carina, uma Camila ou Cristiane, mas fico com Clarice porque havia algo de Lispector nessa moça, algo que sofre sem saber, e reverbera, com ardores de menina, num magnetismo tal que os grãos de areia dela se repelem, deixando-a sempre lisa e eletrizada.

Clarice se agitava porque lhe incomodava a imersão de Eduardo na leitura. Tão pouco tempo para ficarem só os dois em São Paulo, ela pensava, e agora que o cenário era outro, tão romântico, tão dado à descontração, era com um livro que ele se divertia (e se embriagava, e mergulhava, e se envolvia, e se encantava) e não com ela.

Ela lia o horóscopo do jornal, depois a coluna do Simão (e ria um pouco, parte por ser engraçado, parte por desejar que ele perguntasse o motivo e quem sabe assim dessem início a uma conversa), depois fazia as palavras-cruzadas. E Eduardo, submerso nas letrinhas.

Clarice (que talvez fosse Lili, Clara, Lalá, Lira...) desiste da leitura e simula relaxar sob a sombra, enquanto olha a paisagem e as pessoas que caminham à beira-mar. O curioso é que por mais que os dois não falem, Eduardo nota a agitação de sua amada e interrompe a leitura de seu livro.

Os dois ficam quietos, compram dois cocos gelados e observam o movimento. E ficam assim, por mais de duas horas.

Algumas vezes ela fez gestos de pretensa aproximação, algo com as mãos, ensaios de carinho, como se fosse alisá-lo, mas mudou a intenção ainda no ar. Talvez olhasse para ele e imaginasse que seria diferente, que seriam mais afetuosos um com o outro, que teriam mais assunto, que seriam companheiros sem que houvesse um abismo de silêncio ou a necessidade de escarafunchar com tanta força assuntos de feriado. Talvez ela pensasse que seria mais amada.

Às vezes ela baixava o rosto, como quem esconde o choro, e parecia que ia finalmente perguntar "qual é o nosso problema? Por que não conversamos?", e logo em seguida parecia rir de seus próprios pensamentos, não sei se para disfarçar ou para provocá-lo e excluí-lo de seu mundo de desejos.

Eduardo, mais absorto nas idéias do que estava pelo livro, olha o mar bem lá distante, o mais longe que enxerga. Não há sentimento algum esboçado na expressão, posso pensar o que quiser: que está tranqüilo, aliviado por finalmente relaxar em frente ao mar, ao lado da mulher que ama, e por poder por um instante ficar quieto, voltado apenas para ele e para a sua paz de espírito. Posso imaginar que está saudoso da amante, que viajou pra outro canto, e não tem a menor vontade de conversar com a esposa, por mais jovem, bela e apaixonada que ela seja. Posso pensar que está encrencado no trabalho, e que resolveu se desligar, ficar fora de órbita, e não percebe a solidão da companheira. Posso achar que está arrependido de ter se casado, que sonhou com algo diferente, mais ameno, ou mais ardente.

 Eu estava ali sozinha, tomando banho de sol, e daria tudo por uma boa companhia, por estar com meu amor, tomando caipirinha, comendo empadinha, jogando conversa fora e dando muita risada, entre beijinhos e mãos-bobas. E o casal a que assistia era o retrato da solidão. O fato é que um mundo acontecia enquanto os dois silenciavam, e tentar adivinhá-lo é ponderar o imponderável.

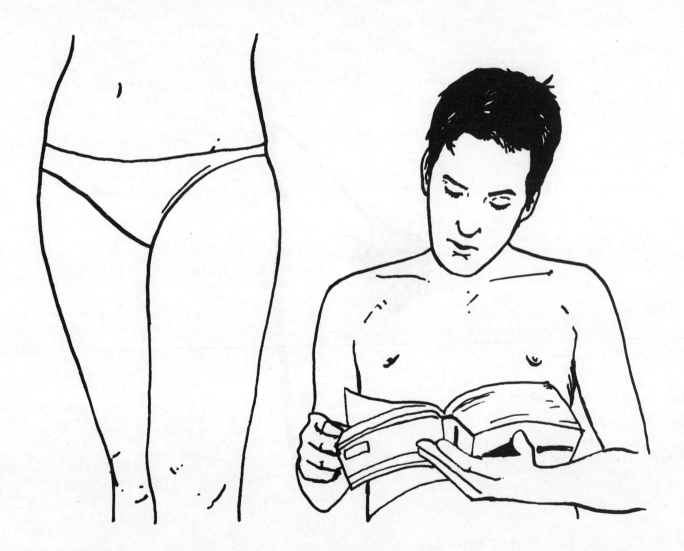

OS VAZIOS CONJUGAIS E SEUS RECHEIOS

NADA COMO UMA BOA DOSE DE COTIDIANO
PARA DESFAZER AS FANTASIAS

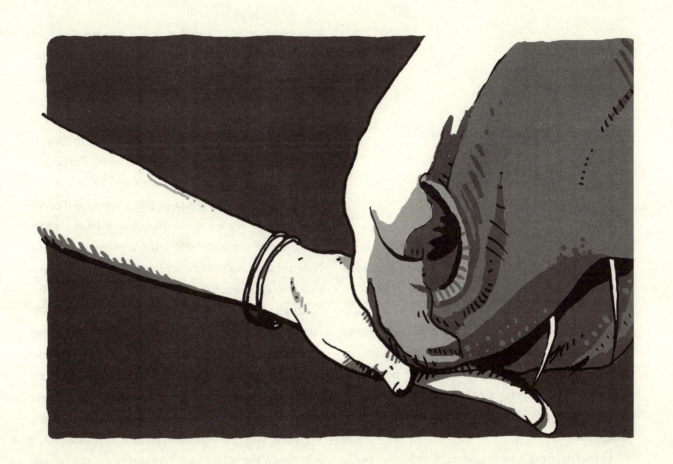

A cena era a seguinte: Camille com a toalha enrolada no cabelo, braço estendido sobre a parte aberta do portão, a mão oposta na cintura, retesada. Carne da boca represada pelo maxilar teso e cenho franzido de aflição, um olho no marido se afastando no automóvel em primeira, o outro em mim, que chegava em hora imprópria. "Boa sorte", dizia o Josué pelo vidro abaixado da janela, enquanto engatava uma segunda e deslizava rua afora, sorrisinho sádico no canto da expressão.

O riso dele era a tristeza dela, e todos os conflitos (e as diferentes formas de lidar com eles) estavam estampados naqueles dois segundos de lábios estendidos exibindo dentes (dele), e brutalmente fechados, quase entroncados (dela). Seria um péssimo momento para a chegada de qualquer outra visita, mas me senti privilegiada por poder radiografar o instante do abismo de um casal, anunciado nas sutilezas rapidamente dissipadas na despedida do portão, *mezzo* expulsão, *mezzo* abandono.

Cami e Josué há tempos eram o meu casal predileto. Porque eram companheiros e tinham algo incomum nos casais de hoje em dia: senso de humor. Não tinham muito nhenhenhém, mas a casa era gostosa e acolhedora, e dava vontade de ficar, horas a fio, denunciando um lar feliz. Mas aquela cena logo na entrada da *maison* da alegria não era condizente com a imagem que eu fazia da dinâmica conjugal, sem nenhuma nesga de bom humor (ao menos não da parte dela, que continha as lágrimas e hesitava entre ser francesa ou italiana), e perguntei o que se passava.

"O cavalo do meu marido foi pro analista, e acho bom ele voltar bem bonzinho, ou vai ganhar um prato de capim".

Ulalá, nada como uma boa dose de cotidiano para desfazer as fantasias. Percebi em minha amiga a densidade de uma panela de pressão e tentei ser o ombro e o ouvido que ela carecia para desanuviar. Suas queixas nada tinham de excepcional: Josué andava grosseiro, estressado com o trabalho, desatencioso e dando patada em quem lhe dirigisse a palavra. Ela, que amava o marido e era toda devoção, só queria seu quinhão de acolhimento e era vítima de coices infernais que assolavam o coração de esposa-e-amante.

Enquanto a escutava, fiquei pensando nas dificuldades conjugais de todo mundo. Mudam a época e o endereço, mas há nisso um traço quase universal: a mulher quer mais carinho, mais diálogo, quer ser o refúgio e o bálsamo do amado, e não o seu saco de pancadas. Mas o homem, esse ser tão pouco dado a sutilezas, parece tão mais apto a grosserias quanto mais íntimo estiver de uma mulher, e aqui se criam os abismos. Enquanto ouvia Camille, imaginava as relações feito bolhas flutuantes, que se tangenciam e jamais se interpenetram. E me dei conta de que a razão das relações é exatamente a tentativa do diálogo. No dia em que houver esse equilíbrio, elas acabam, porque termina a busca pelo tom que as equalize.

Dias depois, voltei à casa de minha amiga. Dessa vez, o cenário era outro. Ela sorria, um sorriso malicioso, e o doravante cavalo e degustador de um bom capim me recebia com honras de princesa. Era ainda melhor que a minha velha fantasia do casal que eu adorava, desbocado e acolhedor, só que agora mais sonoro, porque além de Camille, o doravante eqüino também se pronunciava entusiasmadamente.

"Kika, eu não agüento mais", dizia a francesinha, com olheira de noites maldormidas (mas muito bem vividas, diga-se de passagem) e postura de exaustão. "Há tempos que eu não ficava desse jeito!". Que ótimo, comentei, o analista então fez bem ao seu varão! "Fez bem demais", queixou-se ela, "mal posso andar". Ulalá, pensei comigo, que maravilha estar casada há treze anos e ter "queixas" dessa ordem, mas então a francesinha esclareceu. "Não é dessa parte que eu reclamo. Isso tá ótimo, só alegria. O problema é que o bicho agora deu pra falar, desembestou, ele fala antes, fala durante, fala depois, o bicho não pára de falar. Até parece uma comadre tagarela, assim eu vou enlouquecer!". Fiquei olhando a minha amiga, ares de estafa, esparramada no sofá, e não entendi direito o problema. Mas ela não se queixava justamente da aridez de seu marido? Que era fechado, muito calado, não falava de sentimento e nunca discutia a relação?

"Pois é, eu achava isso ruim, mas homem que fala é bem pior. É um inferno, parece mulher! Eu quero o homem mudo de volta, aquele que acordava mal-humorado e me deixava ler o jornal em paz, que transava e apagava, sem ficar me elogiando. É muito desgastante!". Ela estava realmente consumida, transtornada com as transformações de divã do ex-eqüino.

E eu, perplexa, já não sabia mais se ria ou se chorava. Camille quebrara todos os meus paradigmas de mulher, e percebi que homem fechado é frustrante, porque afasta, cria barreiras, mas homem aberto dá trabalho, porque demanda a atenção que estamos acostumadas a pedir e não a dar. Talvez seja mais fácil vestir a carapuça de fêmea carente e passar a vida demandando (e reclamando), do que olhar de frente para o outro e abraçar as suas dores, os seus medos e a sua história, sem que ninguém precise ser mocinha, bandido ou herói para ninguém.

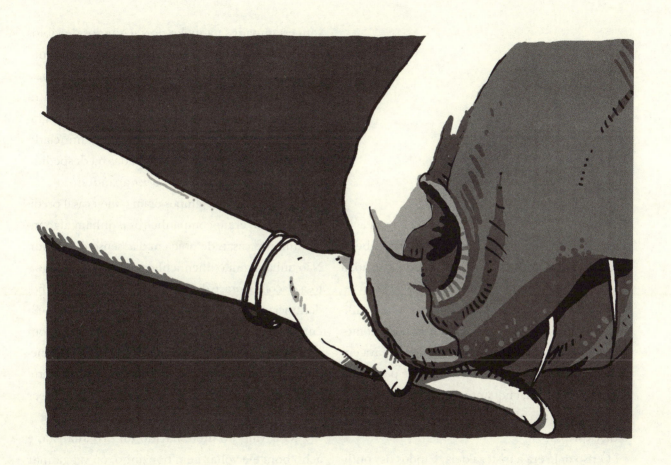

A cena era a seguinte: Camille com a toalha enrolada no cabelo, braço estendido sobre a parte aberta do portão, a mão oposta na cintura, retesada. Carne da boca represada pelo maxilar teso e cenho franzido de aflição, um olho no marido se afastando no automóvel em primeira, o outro em mim, que chegava em hora imprópria. "Boa sorte", dizia o Josué pelo vidro abaixado da janela, enquanto engatava uma segunda e deslizava rua afora, sorrisinho sádico no canto da expressão.

O riso dele era a tristeza dela, e todos os conflitos (e as diferentes formas de lidar com eles) estavam estampados naqueles dois segundos de lábios estendidos exibindo dentes (dele), e brutalmente fechados, quase entroncados (dela). Seria um péssimo momento para a chegada de qualquer outra visita, mas me senti privilegiada por poder radiografar o instante do abismo de um casal, anunciado nas sutilezas rapidamente dissipadas na despedida do portão, *mezzo* expulsão, *mezzo* abandono.

Cami e Josué há tempos eram o meu casal predileto. Porque eram companheiros e tinham algo incomum nos casais de hoje em dia: senso de humor. Não tinham muito nhenhenhém, mas a casa era gostosa e acolhedora, e dava vontade de ficar, horas a fio, denunciando um lar feliz. Mas aquela cena logo na entrada da *maison* da alegria não era condizente com a imagem que eu fazia da dinâmica conjugal, sem nenhuma nesga de bom humor (ao menos não da parte dela, que continha as lágrimas e hesitava entre ser francesa ou italiana), e perguntei o que se passava.

"O cavalo do meu marido foi pro analista, e acho bom ele voltar bem bonzinho, ou vai ganhar um prato de capim".

A CULPA É DA ABUNDÂNCIA DE MATÉRIA-PRIMA

MULHER À MODA ANTIGA KIKA SALVI

DE QUE É FEITO O AMOR,
QUANDO TUDO É DESCARTÁVEL?

KIKA SALVI MULHER À MODA ANTIGA

O amor foi para o lixo. E penso se não é pura utopia almejar relacionamentos duradouros numa época em que até mesmo utensílios com tecnologia de ponta acabam sendo descartáveis. Talvez ainda não ocorra, no Brasil, de *CD players* e *palm tops* irem direto para o lixo, como acontece no Japão, mas sabemos bem que é só uma questão de tempo para que o mundo inteiro esteja descartando, além de lata, plástico e papel, eletroeletrônicos. Qual será o efeito do que é feito um objeto sobre quem o utiliza?

Pense nisso: nossos ancestrais aprenderam o significado da palavra corrosão. O ferro, o latão, o cobre oxidavam. A madeira maciça apodrecia. As pedras que revestiam pisos e paredes perdiam o brilho, se desgastavam, perdiam a cor. O barro se desfazia. A cerâmica ia, ao longo de muito tempo e muito uso, geração após geração, se deformando naquelas partes em que todos a tocavam. O verniz perdia o brilho, a prata pretejava, o ouro escurecia. A porcelana ia lascando e era guardada de mãe para filha, e depois para a outra filha, e para a outra, e as cinqüenta e oito peças que compunham o aparelho de jantar chegavam na quinta geração com três xícaras de chá, dois pires e um bule. E todo esse desgaste, lento e natural, era por todos assistido. Havia um sentimento de compartilhamento, de divisão do que era coletivo e, também, da responsabilidade pelo que era consumido.

E por mais que as peças não fossem insubstituíveis, eram únicas, ou quase únicas, já que ainda não havia a cultura do consumismo (pense na sociedade pré-industrial). Toda a família era responsável pela coleção de livros, por um rádio de pilhas ou pela colcha de retalhos de enrolar-se diante da lareira. Os livros da estante eram liberados e sempre visitados,

69

e por mais cuidado que tomassem, todos acompanhavam, em estado de secreta apreensão, a encadernação (de luxo) ser desfeita. O rádio era ouvido em ocasiões especiais, em jantares em família e nos finais de semana, e mesmo que poupadas de excessos, as pilhas precisavam ser trocadas, com mais freqüência com que o patriarca e provedor gostaria de financiar, causando silencioso constrangimento aos filhos adolescentes e à esposa apaixonada pelo radialista do programa das dezoito. E a colcha de retalhos, discretamente disputada, desbotava a cada esporádica lavada, mas cheirava a malva branca e a jasmim como nenhuma outra da família. Era cedida à caçula, num gesto de maturidade dos mais velhos, e disputada a tapa pelos outros, quando a pequena se punha a sonhar. Toda a relação familiar, suas sutilezas e hierarquia eram permeadas pelos objetos que as moldavam. Eles eram, dentro da casa, um *continuum* das relações, respeitados em suas limitações e apreciados naquilo que podiam oferecer. Eram a própria alma da família expressa em concretude.

Então veio o plástico. O *nylon*, o poliéster, o silicone. Tudo, absolutamente tudo, tornou-se descartável. Efêmero, de curta duração. E nossa maior perda foi justamente a capacidade emocional de assistir e respeitar o desgaste natural de todas as coisas, sua "corrosão", a lição inexorável de todos os objetos. A partir do momento em que tudo é usado e descartado, em que tudo é igual, sem peculiaridades e sem erros – e, nas peças em que há defeitos, o controle de qualidade imediatamente as destrói – e, acima de tudo, sem história, as relações pessoais se viram impregnadas pela lógica do plástico. Somos todos iguais, ou nos esforçamos para sê-lo (em academias, lojas da moda, cabeleireiros ou cirurgiões plásticos – aliás, até a palavra é a mesma: plástico), sem "defeitos", mas também sem qualidades, já que sem personalidade, "perfeitos": um bando de réplicas frágeis, inúteis, vazias, sem beleza e sem história. E é assim o nosso amor, ou o suposto amor que a gente vive hoje em dia, que acaba, e sempre acaba, e recomeça em cada esquina com o jargão do "tudo acaba" (ou, como diria o fabricante de copinhos para festa, "tudo no final vai para o lixo" – mas reciclável!).

Sem o reconhecimento imprescindível de que tudo se desgasta, e que é natural que seja assim, vivemos eternamente frustrados. Aliados a esse fato há tantos outros, tanto ou mais nocivos ao amor, que é até difícil enumerá-los. A sociedade tecnológica nos ensinou a querer tudo de uma vez. Eficiência, velocidade, qualidade, quantidade, beleza, perfeição. E não há poesia alguma em ser perfeito, só vazio e sofrimento. Querer tudo é ter o caos. Usei a matéria-prima como exemplo, e acho um bom exemplo de como ilustrar o nosso despreparo para enfrentar as relações, porque ao "sofisticar" os meios de produção e todos os bens de consumo, nos privamos barbaramente da capacidade de compreender processos simples do cotidiano que afetam de forma dramática as relações afetivas. Nos distanciamos de tudo o que é simples, em nome de tudo o que é ilusório e completamente irrelevante. Somos rápidos. Somos bonitos. Somos eficientes. Somos *high-tech*. Somos *hype*. Somos *cult*. Somos modernos. E somos mais sozinhos e ansiosos do que nunca.

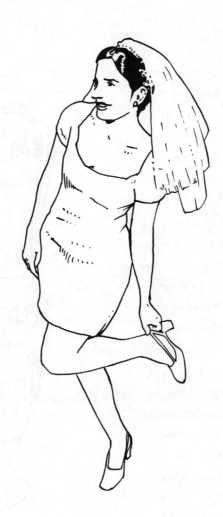

O AMOR NÃO NASCE PRONTO

SEM A ESPERANÇA DE TER UM NOVO AMOR,
SOMOS INCAPAZES DE ENTERRAR
UM AMOR FALIDO

Mas para que um amor de fato possa começar, é preciso que outro acabe. E, sem a esperança num amor novo, somos incapazes de enterrar um amor falido.

Nesse ponto, sempre evoco Hanif Kureishi, escritor inglês de origem paquistanesa, muito perspicaz nas agruras dos que tentam incansavelmente atingir um relacionamento que seja a um só tempo companheiro, respeitoso, repleto de afinidades e desejo e, se possível, de poesia. Sempre me impressiono com suas palavras. Todos os seus romances trazem à tona a questão da dificuldade em se estabelecer o diálogo verdadeiramente amoroso, em conquistar a intimidade entre o casal, e ainda assim manter a integridade, a admiração e o interesse um pelo outro, sem que a beleza se esvaia na descida até os ínferos da jornada conjugal.

E Kureishi, na voz de Jay, personagem do romance *Intimidade*, escreveu: "Tento me convencer de que abandonar uma pessoa não é a pior coisa que se pode fazer a alguém. Talvez seja melancólico, mas não precisa ser trágico. Se a gente nunca deixa para trás nada nem ninguém, não sobra lugar para o novo. Naturalmente, avançar é uma infidelidade – para com os outros, o passado, as antigas idéias que cada um faz de si. Continuar seria uma atitude otimista, esperançosa, que garantiria a crença no futuro – uma declaração de que as coisas podem ser melhores, e não apenas diferentes".

Em nome dessa crença, já abandonei um grande amor. E mais outro depois dele. Porque achei que as coisas poderiam ser melhores, e não apenas diferentes. Era bom, mas algo secretamente gritava em mim reivindicando o apogeu, suplicando o ápice que jamais fora atingido e que, mesmo nunca tendo sido experimentado, organicamente sabia ser capaz.

Em nome dessa crença, amigas desfizeram casamentos. Muitos deles pareciam tão felizes, tão "perfeitos". Em nome dessa crença, se lançaram à solidão e ao absoluto abandono. Porque mulheres são assim, viram a página e colam, para depois escrever outra. Não gostam de ir emendando suas histórias feito tiras de gibi, banalizadas e sem intervalo.

Mas intimidade custa muito caro quando começa com a paixão. Porque paixão é um troço perigoso. Vem feito torrente de emoções, descontrolada, desprogramada, sem ajustes. Se equaliza com o tempo, mas há que haver tempo para tanto. É tanto acúmulo de desejo e sentimento, de vontade e fantasia, de saudade e desespero que, quando sai, sai vomitado, explodido, às vezes lindo, às vezes feito coice de cavalo. E quando a gente vê, de um desejo alucinado resultou a estupidez. De uma vontade tão enorme de estar junto, e de um medo tão grande de ouvir "não", acabou se antecipando e foi agressivo antes do tempo, antes até que o "não" viesse (sem saber se ele viria, só por precaução, só pra não sofrer, meu Deus, que é isso?), e fica tão estupefato com essa falta de controle que chega a perder a fala e não sabe como se desculpar.

E a tal da intimidade, que era pra ir sendo construída, vivida aos pouquinhos e criada pelos dois, fica toda atrapalhada, se envergonha dela mesma, porque se entorta e encrespa e, quando vê, não tem cara de nada: nem de nova, nem de velha, nem sabe se existe. E aquela crença de que tudo poderia ser melhor, de que um sentimento mais pungente um dia ia pulsar no peito deles, volta com vigor, mas tão embaraçada que já não sabe se era isso mesmo o que queria ou se não passa de ilusão adolescente essa esperança de viver uma história intensa.

O que fazer com tanta intensidade quando ela acontece de verdade, e não nos livros ou nos filmes? Quando não dura duas horas ou duzentas páginas, e é preciso dar um rumo a ela antes que venham os créditos e para que tudo não termine em lágrima e frustração?

Não sei.

Às vezes me envergonho, às vezes me entorpeço. Sou uma mulher de emoções fortes e reações idem, e não acho isso ruim. Mas adoraria ter mais tato, um olhar menos defensivo e mais absorvente para entender o que se passa com o outro. No fundo, acho que somos todos um bando de bichinhos indefesos em busca de acolhimento, cada qual à sua maneira. Não gosto de ser machucada e detesto - machucar.

Voltando ao Kureishi, o livro é lindo, e todo ser que pensa as relações (e se empenha tanto para se aprimorar nesse quesito, como eu e como tantos que conheço) deveria lê-lo. Não sei o que fazer com tudo o que senti, com tudo o que sinto, e sei que me atrapalho, justamente porque é tanto. Mas, assumindo minha total incapacidade de expressar melhor o que senti no sítio, à beira da piscina, sob o sol dourado de outono e embalada por Zeca Baleiro, empresto do escritor (ou de seu personagem principal, Jay) a fala: "De repente, tive a sensação de que tudo era como deveria ser, e era impossível felicidade ou contentamento maior. Era tudo o que havia, e nada mais era possível. Aquele momento reunia o melhor de tudo. Só podia ser amor."

VISITANDO O PASSADO, VISLUMBREI O MEU FUTURO

NADA É PERENE, TUDO É BELO,
E NADA DEVE SER LEVADO A SÉRIO

KIKA SALVI MULHER À MODA ANTIGA

Delícia mesmo é achar que o sabadão à noite está fadado a DVD e dor-de-corno e ganhar convite de um estranho para a tão badalada Festa Geração Anos 80, aqui em São Paulo, com direito a levar acompanhante. O gentil autor do tal convite me conhecia virtualmente e ao permitir que eu levasse alguém comigo, não somente garantiu minha presença como também diminuiu em muito o assombro de que eu pudesse ir ao encontro de um psicopata *serial killer* estripador de colunistas virtuais. Foi a grande surpresa das últimas semanas, por tantas razões tão boas que tenho medo de esquecê-las e, por isso, resolvi torná-las públicas.

A primeira e mais óbvia de todas foi o deleite de rever meus ídolos do início da adolescência. A noite estava quente e o DirecTV Music Hall parecia borbulhar com as milhares de pessoas à espera da turba magnífica que faria a pista delirar e derreter num *rock'n'roll* alucinado. Eis que chega o deslumbrante Leo Jaime, desfilando sua voluptuosa pança regada a muito vinho e muito nhoque, deslocando o pescoço com sedutora convicção a cada jogada de topete e arrancando urros de alegria da platéia. O bom e velho Leo Jaime abre o *show* com o *hit* "Sônia", canção lasciva de duas décadas atrás, enquanto cobre de elogios pouco sutis a musa rebolante Luciana Vendramini, que dá uma canja e sobe ao palco sem medo de ser feliz.

Como eu adorava o Leo Jaime. E como eu queria ser bonita como a Luciana Vendramini. Eu tinha doze anos quando ela estourou e morria de inveja, sobretudo, do cabelo dela, que era lindo, enquanto o meu passava por aquela metamorfose inexplicável (como quase tudo no organismo de uma púbere) do liso ao meio crespo, meio sem-forma. Meu único primo a idolatrava, tinha pôsteres da musa em todas as paredes do seu quarto e me corroía as entranhas saber que nunca seria linda igual a ela, não posaria para a Playboy e não namoraria o Paulo Ricardo.

Depois entrou Kid Vinil. Meu Deus do céu, Kid Vinil! Dele, a única referência recente que eu tinha era aquela música do Zeca Baleiro "Kid Vinil, quando é que tu vai gravar CD?", e não é que o "tic nervoso" continuava i-gual-zi-nho?! Ótimo como sempre, surtadamente dançante, como sempre, um espetáculo de colapsos nervosos de encher os olhos. Uma folia. Do "Tic nervoso" ao "Eu sou *boy*" foi um pulinho, ou melhor, foram milhares de pulinhos de uma platéia embasbacada e entorpecida pela explosão da felicidade em estado bruto.

Dele pro Leoni, um momento mais "bailinho", e senti saudade da vassoura. Daquela que ficava com o pobre que sobrava na pista, mas que era paradoxalmente a vítima e o algoz, pois ao mesmo tempo em que todos se compadeciam de sua posição humilhante, o temiam pelo poder que ele tinha de desfazer casais aconchegados pela dança. Dei meu primeiro beijo num desses bailinhos, ao som de Kid Abelha, preocupadíssima se saberia manter a boca aberta e os olhos elegantemente fechados, enquanto mantinha uma expressão de diva apaixonada, tudo ao mesmo tempo. E Leoni, cá entre nós, é o que está mais bonito dessa trupe, por força da genética ou por mérito, a vitalidade lhe sorri.

Quando veio Roger, tive um pequeno ataque de comoção. Ele era o mesmo, exatamente o mesmo moço debochado e esguio de tempos idos, mas a vasta cabeleira loura deu lugar a uma (não tão vasta) cabeleira completamente grisalha, e o sorriso de orelha a orelha ainda toma conta da carinha iluminada pelo escárnio. Que beleza é o Roger, que candura... Desses que não têm veleidades e que mantêm sempre um brilho próprio, de menino travesso. Podia vê-lo aos oito anos. Ou aos oitenta, porque acho que seria o mesmo.

E depois Ritchie, e ainda Evandro, o cantor-surfista que todas queriam imitar na hora de escolher o namorado, mesmo morando a centenas de quilômetros do mar, como era o meu caso. Vendo-os todos empavonados sobre o palco, divertidos e divertindo-se entre amigos, imaginei qual seriam os comentários de alguns puristas que conheço. "Naquele tempo é que era bom", diriam alguns, ou "será que eles não se enxergam? O tempo deles já passou!", diriam outros. E entre gritinhos de histeria coletiva e cascatas de suor, fiquei pensando nessa coisa de tempo.

Naquele tempo, eu era só uma menina (como na música de Herbert Vianna). Não tinha peito, era muito magra e ainda não tinha menstruado. Não tinha dado o primeiro beijo. Sexo, sabia que existia, e que dele resultavam os bebês. Nunca tinha namorado. Sonhava em um dia dirigir. Ainda brincava de Barbie, mas escondido, porque já tinha onze anos e tinha vergonha de admitir que gostava de boneca. Não tinha pêlos. Meus mamilos anunciavam um inchaço, num movimento que lentamente engendraria seios. Meus cabelos ainda eram lisos, mas se tornariam crespos. Eu ouvia Menudo e começava a me interessar por Leo Jaime, Kid Abelha, Ultraje a Rigor, Blitz, Paralamas do Sucesso e por todas aquelas bandas que faziam a cabeça da moçada adolescente. Sabia que seria um deles, aqueles seres do colégio com cara de poucos amigos, e que precisava enterrar as minhas Barbies e Menudos para descobrir tiques nervosos e Betes balançantes.

Depois eu menstruei. Cresceram pêlos. Ganhei meu sutiã. Beijei de língua. Tive o primeiro namorado. Perdi a virgindade. Comecei a dirigir. Tive a primeira desilusão amorosa. Tomei um grande porre. Deixei o cabelo até a cintura. Entrei na faculdade. Depois na segunda faculdade. Me casei. Quase perdi o meu irmão. Tive filhos. O primeiro emprego. O segundo. Descasei. Achei que o mundo fosse acabar. Me deprimi. Mudei de casa. Amei de novo. Me demiti. Escrevi livro. Mudei de vida. Fiquei sozinha. E vim pra festa.

E aqui, no meio dessa multidão, com os tímpanos tomados pelos timbres de guitarras e bateras e a voz de Roger atravessando a alma ensolarada de suor, danço animada o *hit* "A Gente Somos Inútel". O tempo passou desde que minha musa era a Vendramini e a grande preocupação da minha vida

83

eram os rumos pictóricos do meu cabelo. Uma vida inteira aconteceu, e ainda há tantas pra viver. Porque o meu tempo é quando coisas importantes acontecem, e quando um ciclo é marcado. Os anos 80 foram lindos, e ainda são, para enfeitar noites perfeitas como essa. Que venham muitas panças e topetes e carecas e cabeleiras prateadas e rugas e cinqüentões aparvalhados. Essa grande e democrática festa é a prova viva de que tudo passa, de que nada é perene, tudo é belo e nada deve ser levado tão a sério. E de que tudo fica.

ADEUS AO EXOESQUELETO

O MELHOR DE SER ESTRANHO
É PODER REINVENTAR-SE

Yara é uma de minhas amigas mais antigas, dos tempos da faculdade de Psicologia. Perdemos contato naquela época em que a vida se tornou distante demais para ser cúmplice, mas nunca deixei de pensar nela, até que nos reaproximamos. Yara é uma mulher linda. Dessas que não sabe que é linda, mas é. Que reúne os ardores instintivos de fêmea sensual à inteligência alegre e debochada. Ela é a poesia rebolante e acadêmica que despeja encantos nos caminhos por onde passa, seja fazendo as sinapses que impressionam seus ouvintes, contando os seus causos ou rindo dela mesma. Mas Yara andava triste, muito triste, com o fim de um longo casamento, e seu brilho estava opaco.

Ethel é minha amiga mais recente. Mãe de amiga da minha filha. Nos conhecemos na escola, há dois anos, e foi amor à primeira vista. Gosto dela como se a conhecesse há muito tempo. Tem uma beleza de encher os olhos, e o que mais me encanta é ver nela a filha dela, quando for uma mulher, ou vê-la na filha, quando era uma menina. Esse passeio do presente ao passado, e do passado ao presente, costurando o tempo e as histórias, é algo delicioso. Olho nossas filhas, que são grandes amigas, e vejo nós duas, passeando, conversando, rindo e confidenciando as lamúrias do espírito. Sua risada é um deleite, e seus olhos fecham e ficam miudinhos quando a boca fica grande e o rosto se ilumina de contentamento. Mas Ethel andava triste, muito triste, com o fim de um longo casamento. E se martirizava todo dia dentro desse limbo que é a reconstrução de uma vida depois de tê-la vivido em parceria.

E eu estava triste. Sem novidades no trabalho, capenga nas finanças, desiludida no amor, largada com o corpo, preguiçosa com o intelecto. A um passo da autocomiseração. Mas não estava triste o suficiente para me abandonar à tristeza, porque é chato viver triste, e ainda prefiro a alegria. Não aquela histérica, desprovida de sentido, movida pelo desgoverno, mas aquela aconchegada em motivos, apegada a coisas boas. E não achei justo que uma mulher jovem, cheia de sorrisos e quimeras os guardasse dentro de uma casa em vez de apresentá-los a quem tivesse curiosidade em botar olhos e ouvidos sobre ela. Então me lembrei de um curioso.

Há tempos sabia de um rapaz que eu não conhecia, mas que tinha lido o meu livro e se encantara. Queria botar olhos, ouvidos e, se tudo isso fosse bom, o que mais pudesse botar nessa que vos fala, e dissera isso a amigos meus. Eu, que desconfiava de apresentações (sempre davam errado, por que haveria de dar certo?), não topei. Mas tinham falado maravilhas do tal gajo, e resolvi que ligaria. Convidei-o para um passeio de bicicleta. Algo delicado, seguro e sem torcida organizada, e ele topou. Lá fomos nós, em pleno Parque Villa-Lobos, em São Paulo, sábado de sol, manhã azul e verdejante. Na pior das hipóteses, seria um aprazível passeio de bicicleta. Tinha excelentes referências do moço, amigos em comum, e fui tomada pela tranqüilidade de não estar indo ao encontro de um *serial killer.*

Qual seria a probabilidade de eu gostar de um homem que nunca vi na vida, assim, à primeira vista? Não faço a menor idéia, não entendo nada de probabilidades. E qual seria a probabilidade de continuar a gostar dele, e de ele também gostar de mim, e não se decepcionar, já que tinha lido o livro? Não sei. Só sei que o passeio foi lindo. O céu estava intensamente azul, e a companhia tão boa, e eu tão à vontade com aquele estranho com quem eu tinha a impressão de já conhecer há tanto tempo. E de quem eu gostava mais a cada pedalada, do tom de voz, da entonação, do vocabulário, do riso, do silêncio, da calma, do jeito de falar das filhas, da doçura, das mãos, da boca, da barra da calça dobrada do lado em que ficava a corrente da bicicleta, do olhar. Tudo natural, tão pouco ensaiado. Depois do passeio, água de coco. Muita conversa, muita vontade de ver de novo, e o convite. Fiquei tão contente.

Na mesma noite, Yara, minha amiga linda que até então estava triste, decidiu que faria uma inauguração de seu novo apê. Desde a separação, ela alugara um *flat*, e vivera numa espécie de limbo – não tinha mais a sua vida, a sua casa, nem tinha ainda a vida nova, a nova casa. Esse estado de coisas indefinidas era muito angustiante, e alugar um apartamento (e tudo que consiste em fazê-lo: comprar móveis, roupa de cama, cortinas, louças, enfeites...) foi o marco do recomeço. E a festa de inauguração, o rito de passagem.

Decidi que convidaria meu flerte (a palavra fica a desejar para definir o *status* daquele homem, porque já era mais que isso, dado o encantamento que sentíamos um pelo outro, mas assumo aqui o dilema e a ignorância de outra que melhor defina o acompanhante), e ele foi comigo. Foi uma noite adorável, por várias razões. Yara estava esfuziante, e percebi quantas sutilezas se anunciavam na noite quente do apartamento sem mobílias.

Tinha uns vinte convidados, e todos se conheciam, mas poucos já tinham me visto antes. Ninguém sabia o que eu fazia, de onde era, qual a minha história, e chegar à festa sem interlocutores prévios fez com que eu me sentisse muito à vontade. Estava cansada de ser eu, de desempenhar o velho papel da Kika Salvi, da mulher falante, engraçada, indiscreta, tagarela compulsiva, daquela que mesmo quando quer ficar quietinha, não fica, porque todos esperam que ela sempre seja assim, eufórica. Foi bom chegar alheia, singela, sem platéia. O melhor de ser estranho é poder reinventar-se, despir-se dos papéis viciados (e já tão gastos...) e ser fresca, nova, liberta. Fui apenas ouvinte, espectadora ávida, da Yara, dos convidados, do meu flerte, de mim mesma, e descobri tantas coisas belas.

Todos estavam sentados pelo chão, porque de mobília havia a cama, a mesa com cadeiras e o que é preciso na cozinha. E uma cortina linda, velas acesas, boa música, comida gostosa e flores, muitas flores trazidas por amigos. Todos eram separados, e naquela rodinha no chão só se falava de amor. De amor que foi, de amor que veio, de amor que solapou o coração. De amor bonito, de amor feio, de amor traído, de amor perdido, de amor pleno. Eu olhava em volta e via Yara, em sua nova casa, com os olhos brilhantes de quem finalmente recomeça, ao lado de seu novo amor, completamente apaixonado, se esmerando para entrar na vida dela, conhecer os seus amigos, fazer parte da sua vida. Pensei na Ethel e tive vontade de ligar pra ela e dizer que a vida se renova, que a fase triste vai passar, e que ela vai ser só felicidade. Olhei pro lado e vi o René, e pensei em como é lindo ter surpresas.

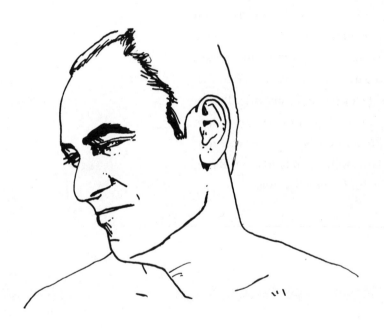

"NA SAUDADE,
A CERTEZA QUE
TE AMO"

MULHER À MODA ANTIGA KIKA SALVI

QUAL SERÁ O LIMIAR ENTRE
O AMOR E A ILUSÃO?

Penso sempre no quanto o amor seria impossível sem uma dose considerável de ilusão e fantasia, e de outro tanto de projeção, idealização e todos aqueles mecanismos psíquicos magníficos que fazem com que os seres humanos se relacionem de forma menos orgânica e completamente apaixonada.

Outro dia estava aqui me contorcendo de saudade do maior amor que já senti. Por mais que procurasse distração em tudo o que há de bom em estar vivo, e em tudo o que me faz querer viver, ficava aquela dor pungente bem no peito, no meio dele, dizendo que faltava um pedaço, um naco e tanto, e eu me sentia amputada. O meu amor tinha ido embora, e além de dor e desconsolo, eu só podia relembrar. Então eu relembrei.

Fiquei imaginando por que era mesmo que eu gostava tanto dele. Ele não era bonito, não desses que a gente olha e logo diz: "Que bonito!". Mas tinha um olhar que quando se metia em mim rebentava o coração. Eu tinha visto o olho dele, aquele olhar de quem olha e logo invade o que está vendo, e fiquei parada nesse olho. Meio verde, meio mel, meio burro-quando-foge. Ele era grisalho e não tinha a mais vasta cabeleira, mas era bom de acarinhar. Ficava bem com aquela prata na cabeça, e por mais que os meus irmãos o chamassem de careca, eu nunca achei nem falta nem excesso no cabelo da cabeça. Nem do corpo, aliás. Ele era peludo, mais no braço e na perna, de um pêlo tão macio. No peito era enrolado, mas pouquinho, bem menos que no resto. E eu gostava. Eu deitava a bochecha no seu peito e pensava que o mundo podia acabar, que aquilo era a paz.

Ele quase nunca lia livros, a menos que estivesse de férias, e esse era seu traço mais medíocre. Mas era bonito como não fazia rodeios quanto à "falha" de ler pouco – não lia e pronto. Não fazia alarde. Quando lia, comentava, e lia sempre bons autores. Para mim, uma aspirante a escritora, poderia ser o fim do mundo, se fosse essa a relação protocolada que eu tivesse com o amor. Mas não era. Eu gostava dele, o meu amor pelo que ele era, e não apesar do que não era. Eu gostava de livros; ele também, mas lia pouco. E isso não fazia absolutamente nenhuma diferença. Cansei de conhecer intelectuais afetados e sedutores cheios de citações e referências que não despertaram em mim um milésimo da comoção que esse homem despertou.

Ele não falava bem. Era péssimo com as palavras, aliás. Justo com as palavras, por quem eu sempre fora apaixonada. E, no entanto, se expressava tão bem, com o corpo todo. Sobretudo com os olhos. Eu era capaz de antecipar o que ele ia dizer pela expressão de seu rosto. Todo seu corpo falava por ele, e a boca dava uma mão. Às vezes engasgava, não que fosse gago, mas enroscava na busca por palavras mais precisas, e a vantagem de amar uma mulher que amava as palavras era tê-las sopradas sempre que precisava delas e elas não vinham espontaneamente. Éramos uma dupla invencível no jogo da antecipação do que o outro ia dizer. Eu ficava tão feliz de assistir ao alívio dele quando eu vinha com a expressão que ele buscava para dar significado ao que dizia. Aquilo era sintonia de casal.

Ele era extremamente preguiçoso. Não fazia exercícios, não praticava esportes, não arrumava a casa e era desorganizado. Mas tinha tanta auto-ironia quanto a isso que era impossível criticá-lo. Mesmo assistindo de camarote e com vista privilegiadíssima o aumento da massa adiposa em seu abdômen, nada poderia desviar o foco de atenção de suas nádegas perfeitas. Seu corpo era um parque de diversões e sua constante boa disposição para um *tour* completo era meu passaporte da alegria.

Meu amor fazia muitas coisas lindas. Macarrão com atum, compilações musicais pirateadas, leite com café, de manhã cedo, exatamente da cor e na temperatura que eu gostava. Comprava meu sabonete predileto, levava água para o quarto antes de dormir, porque eu tinha muita sede, me fazia companhia nas noites de insônia, enrolava o dedo nos meus cachos e acalmava as minhas cólicas com a mão quente aconchegada sobre o útero. Ria das bobagens que eu dizia, lia tudo que eu escrevia, acendia velas pela casa, brincava no chão com as crianças até ficar todo suado. Deixava que elas o pintassem de vampiro e depois o enchessem de espuma de barbear, e corria pela casa amarrado, perseguido pelas duas. E se divertia tanto que chegava a ser bonito. E não importava o que houvesse, o quanto cansado ele estivesse, me puxava pra pertinho e me abraçava, até que o sono nos levasse.

Agora eu vejo que do pântano estou longe. Desse pântano viscoso e invisível que é a vontade de amar e a idealização que move o sonho dos amantes. Estou, sim, num belo parque, com muita grama e muita árvore, fazendo um piquenique. O meu amor foi embora e sinto-me amputada, porque esse pedaço ainda é meu. Só me falta relembrar, e esperar que ele volte.

EVOLUÇÃO ÀS AVESSAS

QUANDO O HOMEM DESCOBRIU QUE OS FILHOTES ERAM DELE, E NÃO DOS DEUSES, ACABOU O MATRIARCADO

Tenho horror a feminista. Devo ao movimento, é óbvio, os direitos da mulher, todos aqueles que a constituíram cidadã, e não apenas mera propriedade do esposo, e acho louvável que tenha havido, no processo histórico do mundo, as admiráveis feministas. Mais que igualdade entre os sexos, acho importante, hoje em dia, que se fale em direitos humanos, em cidadania e em direitos da mulher – tendo em mente não mais o velho ranço do "somos tão capazes quanto os homens", mas as habilidades (e limitações) de cada um, definidas, muitas vezes, pelo aparato biológico.

Ninguém mais ignora o papel dos hormônios sobre o comportamento humano, e até a pena é diferente quando considera a TPM um atenuante num crime cometido por uma mulher nesse período. Mas, cá entre nós, a máxima do "a gente também pode", essa coisa da mulher-macho que virou quase uma super-heroína pós-moderna me enche tanto a paciência que chega a dar vontade de fuzilar as causadoras disso tudo – e também as seguidoras.

O fim do matriarcado aconteceu ainda na Idade da Pedra, quando o Homem se deu conta de que as mulheres não pariam filhotes de deuses, e sim filhotes deles próprios. Tão logo o macho atinou para o fato de que se reproduzia, imediatamente parou de idolatrar a sua fêmea e sentiu-se dono e detentor da genitora de sua prole. Antes mesmo de usar com maestria o polegar opositor, descobrir o fogo ou demarcar a propriedade privada, o homem descobriu que fecundava sua mulher, e teve então origem o glorioso patriarcado.

De lá até aqui, foram centenas de milhares de anos, e muitas foram as conquistas para que a mulher deixasse de figurar como objeto de seu homem. Podemos estudar, votar, dirigir, ganhar dinheiro, ser altamente especializadas naquilo que escolhemos.

Somos cidadãs do mundo, temos opinião própria, participamos ativamente da cultura, política e economia. Dominamos o mercado de trabalho, movimentamos o mercado financeiro, fazemos a ciência avançar. Somos plenas, femininas, eróticas, livres para gozar e viver tórridas aventuras sem nenhum compromisso. Somos gostosas, consumimos alta tecnologia em cosméticos, temos *personal trainers* magníficos. Somos bem-sucedidas, nossa carreira é um foguete rumo ao infinito e nosso corpo é um estouro de formas que beiram a perfeição. Somos mães se desejarmos, mas a maternidade é uma opção. Há tanto o que viver que não nos resta tempo para isso.

O nosso homem é quase um acessório opcional, como os tantos do carro novo (e lindo!) que compramos. Não precisamos dele pra pagar as nossas contas (cruzes, depender de homem, eu?!). Sabemos administrar nossas finanças e, para tudo o que não sabemos, existem as Páginas Amarelas. Na pior das hipóteses, vem um encanador bem gostosão fazer o serviço, e de lambuja ainda ganhamos um orgasmo.

Relacionamentos duradouros são tão escassos quanto mulheres sem botox ou silicone, porque exigem sinceridade. E como ser sincero quando a palavra de ordem é competição?

O feminismo pioneiro, desbravador, que conquistou nosso direito à dignidade, foi e sempre será merecedor de louvação. Mas essa bandeira mesquinha e insatisfeita carregada pela turba rançosa do refrão "a gente também pode" fomenta incansável a discórdia entre os sexos e cria, sem notar, robôs supostamente auto-suficientes que de tanto medo da dominação atávica se mantêm eternamente sós.

Não sou feminista, nunca fui. Sempre fui avessa ao machismo e a qualquer tipo de discriminação contra a mulher. Sou pela liberdade, por um mundo mais justo e amoroso. Mas declaro incontida que adoro cozinhar, colocar uma mesa bem bonita e esperar o meu amor para jantar, toda cheirosa. Ter sucesso na carreira é uma delícia, desde que eu possa estar em casa pra jantar com minhas filhas, dar banho nelas e contar historinha antes de dormir. Vida social, cursos e amigos são importantes, mas não mais do que o tempo destinado a conversar com meu amor, beber um vinho à luz de velas e fazer um cafuné.

Gosto de ler, de ver TV, de caminhar, mas não pensaria duas vezes se o tempo que eu tivesse para isso competisse com o tempo de um chamego mais erótico – e quem disse que sexo não pode ser um excelente exercício?

O fato é que não sou uma super-heroína e não dispenso o meu herói. Eu o quero perto de mim, sempre que puder. Seja para me incentivar, para ajudar a pagar conta ou simplesmente me embalar na hora de dormir. Sou capaz de fazer tudo sozinha. Mas a dois é mais gostoso.

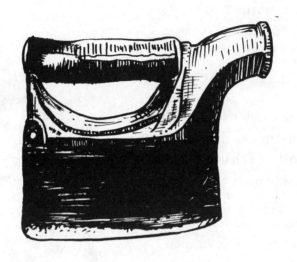

CADA UM COM A SUA BANDEIRA

QUE MANIA INFERNAL DE AZUCRINAR
AS OPÇÕES DA VIDA ALHEIA

Quando tinha dezoito anos, vi um filme que até hoje me arrepia os cabelinhos, *O Céu que nos Protege*, do Bertolucci. Nele, um casal de americanos viaja para o Marrocos e a mulher é seqüestrada por uma tribo de beduínos. Ela é oferecida como escrava sexual ao príncipe da tribo, nômade, que sai acampando pelo deserto, enquanto ela é feita prisioneira e subjugada pelo xeque. Eles jamais se comunicam, senão pelos olhos desesperados (dela) e pelos membros famintos (dele). Aos poucos, como era de se esperar, ela sucumbe ao fascínio de ser domesticada pelo árabe, e se deixa consumir lentamente pela dominação, até a exaustão.

Ela se encanta por ele, e sua identidade feminina ocidental se esvai no desejo de ser súdita daquele príncipe, e a revolta, a dor e a resistência cedem espaço à ânsia pelo amante, ao frêmito do encontro, e cada minuto de espera se transforma na tortura da espera por seu salvador. E, aos poucos, como era de se esperar, o árabe, tão contumaz no amansamento da mulher, desinteressa-se dela ao vê-la dócil e cheia de volúpia, e ordena à tribo que a abandone.

Eu era só uma adolescente deslumbrada com as possibilidades da vida universitária e pós-carteira de habilitação, há muito pouco tempo iniciada nas intempéries do sexo e completamente crua no terreno amoroso, mas saí do cinema alucinada, traçando, mentalmente, meu projeto de vida para quando me formasse. Estudava História naquela época, e tinha tudo a ver ir pro Marrocos numa expedição qualquer (já que ainda não era moda ir pra lá na lua-de-mel, a Globo não tinha feito novela naquelas bandas, nos idos de 92), seria a minha grande chance de ser escrava sexual de um xeque árabe. Só que na minha fantasia ele se apaixonaria e me levaria com seu bando por toda a eternidade. Como primeiro projeto de vida, até que não estava mal. Só faltou ir ao Marrocos.

Depois desse projeto, tive alguns: ser uma grande cineasta, depois uma grande jornalista e, finalmente, uma grande escritora. Com o nascimento das minhas filhas, percebi que queria ser uma grande mãe, e a cineasta, a jornalista e a escritora eram importantes, mas não vinham mais acompanhadas pelo "grande". Me dei conta de que não seria cineasta porque não fui estudar cinema, não me dedicava quase nada ao ofício e por osmose dificilmente aprenderia alguma coisa. Não seria jornalista se não trabalhasse em jornalismo, e sentia um desinteresse tão grande pelo que se passava com a imprensa que no máximo serviria cafezinho à redação, e escritora... Só se eu largasse mão de ter preguiça e sentasse o popozinho à frente do monitor. Foi quando senti que precisava descobrir o que me fazia feliz.

Sempre gostei de escrever e, mais do que gostar, precisei. Era a um só tempo o bálsamo e o combustível que essa forma de vida atormentada e um tanto inquieta carecia. A escrita sempre fora a salvação e o resultado. Nos demos bem, ela e eu, e fomos juntas, em parceria, talvez pela estrada afora, até que a morte nos separe. Não me vejo fazendo outra coisa que não seja escrever, e complemento a vocação com tentativas (muitas vezes frustradas) de mudança de ritmo, tento acelerar aqui, aumentar a quantidade ali, mudar o foco, o enfoque, o tema, o emblema, às vezes vingo, às vezes não. Labuto, pra não dizer que sou apenas diversão (herança judaico-cristã, também carrego o meu quinhão de culpa).

E escrevo, sempre, publicando ou não. Diria que nesta parte estou serena, que não vou na contramão. Mas o que mais me faz feliz, verdade verdadeira, não é a escrita do trabalho, ou o trabalho da escrita, nem o texto que publico, ou o elogio que recebo, ou a cacetada (muitas vezes divertida) do mancebo, ou o dinheirinho pago pelo texto. O que me faz feliz é muito mais singelo do que isso, de tal ordem que estremeço.

A risada das minhas filhas é uma das coisas que mais me faz feliz. Fazer companhia a elas, ler historinha antes de dormir, levá-las ao cinema e ao teatro. Dar banho nos cachorros, molhar as minhas plantas, beber água de coco, andar de bicicleta, ouvir Chico Buarque e olhar o pôr do sol. Encontrar minhas amigas, falar muita bobagem e comer bolo de chocolate. Ficar perto de quem amo.

Volta e meia algum leitor entra no fórum pra dizer que sou dondoca, alienada ou lunática. De alienada não tenho nada. Sei de tudo o que se passa e sou ótima cidadã. Vivo antenada e tenho opinião formada sobre tudo, embora quase tudo me desgoste, profundamente. Sou a favor da eutanásia. Contra a pena de morte. A favor da legalização do aborto. A favor da descriminalização da maconha. A favor da união civil entre pessoas do mesmo sexo. Contra o porte de armas da sociedade civil. A favor do uso de células-tronco na pesquisa médica. Etc. etc., etc.

Só não carrego nenhuma porcaria de bandeira. Nem preciso carregar, ou alguém disse que devo?

Acho o mundo uma droga e optei, sim, por viver numa bolha, "lunática", voluntariamente alienada, no sentido de manter um distanciamento daquilo que não posso mudar e do que também não quero fazer parte, embora faça, por ser contemporânea, conterrânea e herdeira.

Escrevo, logo penso. Tenho espaço para isso, daí, responsabilidades. E tento honrá-las. Mantenho uma postura crítica e reflexiva sobre a vida, mas o que de fato me interessa são as emoções e os relacionamentos. Volto, então, ao que me faz feliz, e àquilo tudo que dá significado às escolhas. Gosto de estar entre os meus afetos e dividir com eles a minha vida, em seus detalhes mais banais e que a fazem especial. Colocar a mesa pro café, esperar para o jantar, contar como foi o dia, ver TV abraçadinhos, de preferência fazendo cafuné, depois dar beijo de boa-noite. E sonhar juntos. Se gostar disso mais que tudo é ser romântica, alienada e lunática, prazer: meu nome é Kika.

O OUTRO EM MIM

DESCOBRIR UMA PESSOA É
PARTE DESCOBERTA,
PARTE CONSTRUÇÃO

que nos faz gostar de alguém? Podemos estar numa caminhada sem destino, ou na fila de um café, quando somos subitamente surpreendidos por um olhar, um sorriso, um gesto de mãos que parece instaurar uma nova era em nossas vidas. Assim, sem mais e de repente – do automatismo de viver fez-se a existência doce e inspiradora de outro ser, cuja lembrança é um acalento e sua presença, o desejo soberano.

De onde vem a brisa leve, o encrespamento dos sentidos e a alegria de num instante vislumbrar intimidade, ainda que não haja nem a introdução protocolar de sobrenomes e afins, quando tudo quanto existe é uma boca escancarada que nos fita amiúde?

Vêm então os cerebrais de falatório incisivo: "Isso é predisposição e projeção, já que gostar exige convivência, leva tempo e dá trabalho". Que chatos, eles. Uns verdadeiros ogros afetivos. Não devem nunca ter sentido essa invasão surpreendente, à qual é impossível nomear (bateu o santo? Rolou uma química? Obra do cupido?). Dá-se assim, de supetão e sem razão, e deixa a alma impregnada de vontades.

O que será que ele faz? Gosta do quê? Será sensível? Comovente? Riremos juntos? Vai me enxergar? E me entender? Trançar as pernas nos lençóis e adiar o amanhecer? Se o olhar é mesmo o espelho d'alma, a dele é linda e delicada.

Descobrir uma pessoa é parte descoberta, parte construção. No princípio está a vontade, que embolada à informação resulta numa imagem. A captação é seletiva e necessariamente generosa. Porque quando gostamos de cara de alguém, a felicidade é tão imponente que registra, do encontro, a expressão reforçadora do desejo.

Não raro gostamos de tudo o que remonta nossas mais caras qualidades. Ou daquelas que nos faltam. E pouco importa que assim seja – enamorar-se é tão raro (e delicioso) que relevamos imprudências, mesmo as que nos levam a conclusões equivocadas. Ainda não é hora de dar espaço à razão. Se o deleite está no sonho, que o encontro seja uma longa noite de outono, azul e estrelada.

O segundo movimento desse ato é dar ouvidos (ou tentar) ao que o "muso" inspirador nos conta a seu respeito. O desconcerto pelo impacto inicial deu lugar à excitação autoconfiante, e se chegamos a esse ponto é porque a recíproca imperou. É quando tem início o *marketing* pessoal: a saborosa eleição do que queremos que o outro saiba (e proporcional omissão do que convém não revelar). Talvez seja o momento decisivo, quando aguçamos os sentidos e entendemos o que de fato nos fisgou. É um momento glorioso, daqueles em que temos a chance de inaugurar uma nova biografia, de reinventar nossas tendências, já que o novo não tem vícios, nem trunfos, nem poder de machucar.

Nenhuma relação de poder ou dependência se criou, nenhuma desigualdade, e o frescor desse período inunda os corações de esperança. A aridez dos desencontros é arremessada para longe, e imperam a gentileza, a boa vontade e o interesse.

Vem então o segundo movimento, realista e sem espaço para enganos. É a hora de ticar cada item do *check list* e averiguar o potencial da relação. E é aqui que o bicho pega.

O que nos faz continuar gostando de alguém?

Penso no quanto é comum (ainda que me encha de espanto) a relação de semelhança entre os casais. No tal do *check list,* um verdadeiro pente-fino se entranha no olhar, de modo a esgotar tudo quanto possa destoar do ideal. E aqui reside meu espanto. Quando gostamos do outro porque ele se parece conosco, gostamos dele ou do que há de nós nele?

Claro que existem princípios. Eu, por exemplo, jamais poderia amar um malufista, conviver com um fumante compulsivo, admirar quem paga um "cafezinho" ao policial rodoviário, dialogar com quem freqüenta a Pró-Vida, com quem consome prostituição infantil ou é contra o aborto. São princípios. Mas o *check list* não pára por aí.

Conheço casos em que o "amor da vida" da pessoa não passa de um reflexo dela mesma (e, nesse caso, obviamente o mais fraco sucumbiu às preferências do mais forte). O gosto por músicas é o mesmo, o time do coração, o restaurante, a posição sexual – tudo exatamente afinadinho. Seria mesmo amor ou uma espécie de deserto narcisista em que só existe espaço para o ego? Um encontro feito esse perpetua a estagnação, além de traduzir-se em solidão – quem se relaciona com seu duplo não estabelece troca com ninguém.

O novo é essencial. Aquilo (e aquele) que agregue coisas novas à emoção e à razão, que comova e espante e celebre, sempre que possível, a diferença.

Talvez o que me faz gostar de alguém seja justamente a impressão de que ali esteja uma outra forma de olhar, um equilíbrio para aquilo em que me excedo e de que careço. Um complemento. E se aparecer assim, trazido pelo vento, com a promessa de encaixe, não resisto a me jogar. E torcer para que não doa, na tentativa de ajuste, quando a peça for maior ou menor do que o espaço.

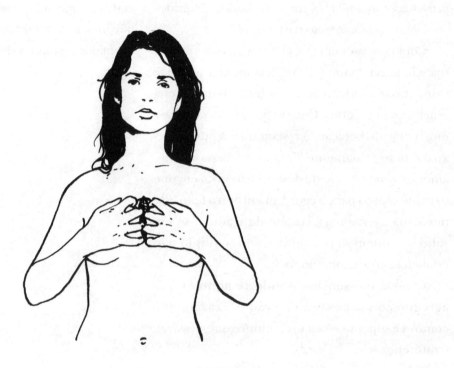

DO ABISMO À EPIDERME

O CORPO SIMPLESMENTE NÃO CABIA
NELE MESMO, E A ANATOMIA ALVOROÇADA
EXIGIA LIBERTAR-SE

Fico alarmada quando o corpo se apequena. Quando a vontade se avoluma, e pulsa um troço apaixonante, que inebria, incandescendo as entranhas, deixando torpe o que há tão pouco conseguia se esconder. Brotam fissuras sobre a pele faz-de-conta, sobre a camada imaginária que impede o transbordar de sensações. Guardada assim, encapsulada, a volúpia não supõe desproteção, e tal é o susto quando a capa estremece que a agitação vem redobrada.

Até achei que a pele estava rebentando. Retive os músculos, num impulso constritivo, e apelei à sensatez que não deixasse a carne viva. "Não me deixe, não me deixe, não me deixe", eu repetia, já sem saber onde escorar o miolo quente. O corpo simplesmente não cabia nele mesmo, e a anatomia alvoroçada exigia libertar-se.

Porque a pele, já esgarçada, não continha os seus segredos e latejava ansiosa por afagos. Ela queria o arrepio, o encrespamento de seus poros tão aflitos e, mais que tudo, a onda quente e deslizante num contínuo crescente. O esmagamento, era isso, uma pressão tão impiedosa que trucidasse a resistência e revelasse, no estertor, a plenitude da entrega.

Ele podia fazer isso, se quisesse. Deixar de lado o tatear e fagocitar-me vorazmente, arrebanhando em sua membrana toda agonia de ser frouxa. Passar do estado sólido ao pastoso em seus braços era tudo o que eu queria.

Então gritei, num tranco agudo, estrondoso, a aflição. Para purgar ou simplesmente exercitar a expressão, gritei de medo de estar solta. De sentir reverberar os solavancos entre veias, feito variz em ebulição, aturdindo a consciência até ser só vapor de miolo mole, vontade de chorar e farrapo de mulher.

E ele assistia. Meio alheio, na esperança de ser jorro passageiro, inerte. Olhava tudo sem ver nada, esmiuçando nos meu gestos as razões desse suplício. E tem razão maior do que orbitar, homem de deus? Sou satélite de você, numa incansável dança do acasalamento, sempre pronta, sempre pronta, não enxerga?

Por quanto tempo eu teria que dançar, e orbitar, e ser satélite do meu astro ofuscante, até a total calcinação? Era tão simples o impasse, bastava me espremer, afugentando esse tormento (e os outros, as mazelas, alguma chaga, a água salgada que vazava sem aviso), feito laranja suculenta, aperta e sai, sai todo o sumo, meu desejo é ser bagaço.

Tanto alvoroço e ele longe, ao meu lado, mas tão longe, nem podia imaginar. Não podia porque supor tal desespero exigia ouvido supersônico, da pulsação acelerada, do sangue ebulindo pelas tripas contorcidas, do tecido arrebentando. Não podia porque afagava a superfície, sem caber na percepção a urgência por seu corpo. Não podia. E não cabia ao desespero revelar essa aflição, porque só eu estou debaixo de minha pele, e o que explode nesse mundo não comporta companhia.

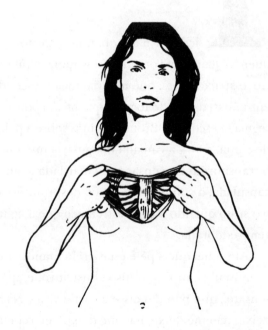

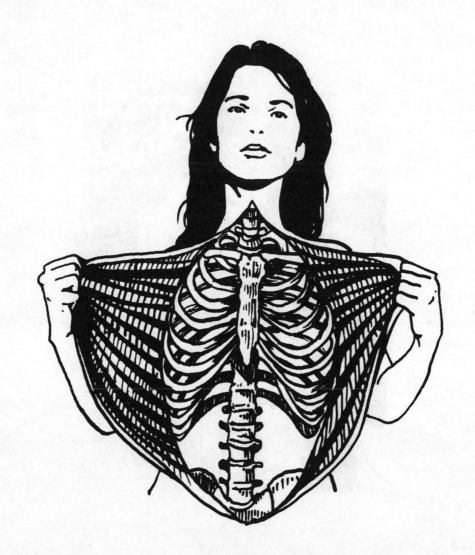

O QUE NÃO SE TRADUZ

BENDITOS SEJAM OS ENLATADOS –
VEJO A VALIDADE E
QUASE LOUVO A SARDINHA

Tanto brilho e esse sol proíbem, sem piedade, o projeto de hibernação dominical, frustrando a expectativa recriada a partir da meteorologia na TV (digo recriada porque o plano inicial era um chá de cianureto). Quisera eu poder errar impunemente desse jeito, diante de dezenas de milhões de crédulos espectadores, planejando sua vida em função da previsão.

Não choveu, não trovejou, nem sequer uma boa nuvem acinzentando a consciência, e o cenário ideal para ir pro inferno escorreu por entre dedos, sem vestígio ou alternativa. Penso em Goulart, "uma parte de mim é todo mundo/outra parte é ninguém, fundo sem fundo", e recorro à geladeira.

Nem ovos contam a história do que seria alimentar-se. O queijo branco se assemelha a um *camembert* tupiniquim, abrigando uma legítima colônia dos mais diversos fungos. Não convém, digo a mim mesma, ponderando, e escolho a fome. O mundo inteiro tem escasso acesso à ração, não serei eu a esfomeada mais ilustre. "Uma parte de mim é multidão/outra parte estranheza e solidão".

Nessas horas, Cake ajuda muito, sua versão de *I will survive* impele a dança pela sala, deslizo a meia, brinco *performances* de videoclipe, alço braços. A gatinha branca dança junto, corre e pula e se arregala com *my number*, a siamesa procura onde se esconder, eriçada. Revolvo o corpo embalada, olhos fechados sem contemplação, meu tempo é movimento e pulsação (ando assombrada pela idéia de explodir as coronárias, e essa dor no coração?). *"At first time I was afraid, I was petrified, I kept thinkin' I could never live without you…"*

Tanta poeira e pêlo pelo chão e me pergunto em que parte foi parar o asseio com a casa. Virginianas que se prezam não chafurdam desse modo, nem os astros nem os astrônomos supõem o peito arfante, o sono leve, a ausência grave de alegria e essa saudade retumbante que me assola. De que servem, então, as previsões? "Uma parte de mim pesa, pondera/outra parte delira" e Goulart sempre ao meu lado, bendito seja, amém. Ele e Cake e quem precisa de Deus com esses dois? *"I've got all my life to live, I've got all my love to give..."*

Podem os vizinhos me enxergar? A dança segue e é alento, modelito calcinha-tanga, camiseta-velha e meia-rosa, fofa, feito pé de astronauta (menos por ser fofo, já que é duro, e mais pelo volume), e a faixa que se segue é um recado, *Perhaps, perhaps, perhaps* (Deus agora deu pra me falar, às vezes usa a TV, outras o rádio, agora é via letras musicais), e temente que sou (ou tento ser), escuto. *"If you really love me, say yes, but if you don't, dear, confess and please don't tell me perhaps, perhaps, perhaps."*

Mais três ou quatro passos e quase atinjo o nirvana, a dança não é apenas um alento como libera endorfina (ou seria serotonina? Nunca sei qual é a do chocolate e qual dos exercícios, sei que as duas dão prazer e isso basta), se algum vizinho tem binóculo, está diante de um espetáculo gratuito – fui ensinada a ajudar sem esperar retribuição. "Uma parte de mim almoça e janta/outra parte se espanta" e Cake ainda canta, bom mesmo é o suor já gotejando, purgação em estado puro.

Volto para a canção de Gloria Gaynor na voz do impagável John McCrea, *"trying hard to mend the pieces of my broken heart"* e o estômago reclama, há tempo não boto nada dentro dele, o que restava de energia foi-se no balé catártico do amor mal-amado. Se Deus continuar a falar comigo, hei de buscar um psiquiatra, logo eu que sou atéia, por que não canta em outra freguesia? Sigo fervorosa em minha prece: "uma parte de mim é permanente/outra parte se sabe de repente" e esse, sim, amém.

Não devo ligar, não devo contar, não devo evitar que tudo passe, nosso amor era inventado (mas nem assim belo como o escrito por Cazuza) e de invenção o céu está cheio. Nem nuvem ou cianureto ou Gloria Gaynor, queria agora uma vassoura mágica e comida para o corpo, ou apenas força pra comprar, o que requer mudar o figurino e me ausentar da casa-útero, bom mesmo é ser bebê. "Uma parte de mim é só vertigem/outra parte, linguagem".

Benditos sejam os enlatados, verifico a validade e quase louvo a sardinha. Duas fatias de torrada e *voilá* meu sanduíche, pois nem o desamor justifica adoecer, e sem meu corpo não há meio de dançar ao som de Cake ou almejar outro arrepio, feito aquele já remoto, mas tão forte quando te olhei a primeira vez. Como na música do Jairzinho, gostar geralmente é assim, nunca é sempre fácil...

Cansada, nutrida e aliviada (pelo suor saiu a dor, e em seu lugar veio a canção e a poesia de Goulart), acarício a gatinha, tateando sob a cama atrás da outra, arisca e tonta com o baile. Olho a varanda e o sol me olha, ameno e rosa, esquentando as bochechas. E respiro, sem tranco, nem barranco, o entardecer. "Traduzir uma parte na outra parte/- que é questão de vida ou morte-/será arte"?

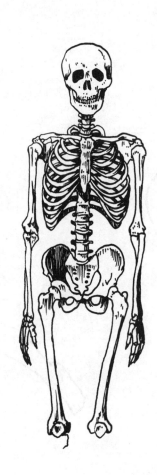

NÃO GOSTO DE VOCÊ

NÃO GOSTO DE VOCÊ POR
NÃO LAMENTAR A MINHA PERDA,
ENQUANTO EU ME DEBATO
EM DESESPERO COM A SUA

ão gosto de você porque não há calor no seu olhar. Porque você come demais, se preocupa muito com comida e, quando não está comendo, está pensando em comer. E, se não está pensando, está gastando calorias, com ginástica, para poder comer ainda mais.

Não gosto de você porque sua vida é meio besta, modorrenta, dedicada à TV, ao sono e a encher a pança. Não gosto de você por beber tanto que me afasta, porque começa de manhã, quando na praia, e só encerra quando cai, de sono e excesso etílico-*gourmet*.

Não gosto de você porque se interessa em demasia pelas guerras e por tudo quanto tenha potencial destruidor: aviões de guerra, submarinos, tornados, maremotos. E porque dirige como fosse o dono do pedaço, desprezando infelizes com seus carros mixurucas, tão inferiores à sua máquina – um "verdadeiro avião". Você acredita no direito de passar por cima de tudo e de todos que estejam à sua frente (e que ousem lá ficar, você tem que ser sempre o abre-alas da auto-estrada).

Não gosto de você porque, quando bebe, se enternece, até beira a afeição, mas normalmente é um tanto frio (eu detesto homens frios). Porque bebe e se lembra de fumar, e parece uma chaminé de detritos gasosos, baforando sua fumaça fedorenta no ambiente e estragando meu cabelo tão lavado pra ser sua.

Não gosto de você por não dar beijo no escurinho do cinema e voltar sua atenção todinha para o filme, enquanto palpito de vontade de um abraço sem-vergonha.

Não gosto de você porque prefere comer a fazer sexo, ver TV a fazer sexo, ler a fazer sexo, dormir a fazer sexo, ou não fazer porra nenhuma a fazer sexo, enquanto queimo ao seu lado, encenando boa companhia. Não gosto de você por roncar alto, mais ainda quando bebe, e viver anunciando que é o silêncio em pessoa quando dorme.

Não gosto de você por ser travado, e porque não é tarado (ao menos não por mim). Porque não te excito facilmente, e porque não brinca com meu corpo. E porque acaba o amor e vai correndo se lavar, e quando volta recorre à cabeceira, preferindo um livro a ficar me namorando.

Não gosto de você por ter muito dinheiro e liberdade, por ser tão desapegado dos afetos e viver planejando uma viagem. Porque nunca está aqui, comigo, e sempre em busca de uma certa transcendência que nem o álcool nem os prazeres vão te dar, nem os livros ou o cinema, nem a casa sempre cheia de supostas amizades. Nada disso vai tapar os seus buracos, não percebe? Seu retrato é desespero, e não sou chave suficiente para entrar por essa porta.

Não gosto de você porque é volúvel, muda de idéia o tempo todo (e assim me desampara). Mas acima de tudo não gosto de você por não sofrer com minha ausência, pela perda do que em mim era amor, sempre pronta a oferecer. Por não me pedir para ficar, por não se apaixonar e me iludir com um confuso "quase lá" (existirá um meio-termo?). Você gosta mais de plantas, e da Lua, e da horta, do que gosta de mim. É assustadoramente solto na vida e afugenta seus demônios num ócio de riquinho, entediado, sempre ao sol, sempre regado a bebida e companhia feminina, de enfeite, seja eu ou qualquer outra (você tem sempre companhia, embora nunca seja intenso e nunca esteja acompanhado).

Você dizia me adorar, me nomeando como um bálsamo em sua vida. E deixou que eu fosse embora, "melhor agora que depois", que porra é essa? Você então não sentiu nada? Não gosto de você por tudo isso, e por não lamentar a minha perda, enquanto me debato em desespero com a sua.

*

Há uma semana terminamos. E hoje desaguei o choro que a semana inteira controlei. Choro doído, de saudade do abraço, de ouvir a voz ao telefone, da mão quente me alisando noite adentro. Chorei por não sentir mais o seu cheiro, tão gostoso, tão perfeito, misturado com o meu quando fomos amorosos e carnais. Chorei de medo de nunca mais ser abraçada enquanto durmo, você sempre me abraçava e eu sempre percebia, mesmo dizendo que dormia a sono solto. Chorei de dor por não ser amada por você, que me cobria de gentilezas, mas nunca foi intimidade, e eu sabia, de algum jeito, que isso tudo ia acabar.

Tentava acreditar que as coisas iam melhorar, que com algum tempo você acabaria se entregando, e me amando, e seria parte indivisível da minha vida. Chorei porque penso em você o tempo todo, tentando não pensar, e quase morro quando acho que para você foi um alívio.

Ando na rua com muito medo de te ver, e ensaio caras e trejeitos que disfarcem a minha dor. Quero estar linda e ensolarada quando a gente se cruzar, e jamais saio de casa aparentando desconsolo. Ensaio risos, frases animadas e postura de altivez, quando por dentro estou secando e não me canso de torcer para que o encontro aconteça.

E quando passa um carro igual ao seu, meu peito explode de aflição. Porque eu sei que se você me tratar mal, se for frio ou impessoal, eu vou chorar na sua frente. E se me tratar com doçura, vou lamentar ainda mais a sua ausência. E se for artificial, vou lamentar ter te amado. E se não quiser voltar pra mim, vou agarrar no seu pescoço implorando que repense, que me veja, que enxergue o que há de bom (é tanta coisa, meu amor) e me peça pra voltar.

Uma vez você escreveu que não gostava muito de mim, nem bastante, mas que gostava demais. Eu quase respondi que nós dois sabíamos que isso era mentira, porque gostar demais é perder o controle sobre o afeto, é um adorar desembestado, e nunca vi em seu sentimento algo que assim se parecesse.

Se eu tivesse dito, aquele dia, o que pensei, o que teria acontecido? Talvez você tivesse encerrado o que só depois eu encerrei, com o seu consentimento tão isento, tão sem dor e hesitação. Doeu tanto.

    Sei que Deus não existe, pelo menos nunca me deu bola, mas rezo a Deus para que isso passe. Que eu não pense em você todo segundo do relógio, e sonhe a noite inteira, e acorde desolada. Se ele existe, essa dor há de passar e de cessar o quanto antes, porque meu coração se tornou carne moída, não dá conta de levar pro corpo o oxigênio de que preciso. É isso, estou beirando a asfixia, e você tão satisfeito, alheio a tudo e distante, em sua vida regradinha e sem lastro, sem nenhum vínculo importante. Você respira livremente, talvez até já olhe em volta, posso jurar que está tranqüilo, e eu num abismo tão doído. E não me canso de pensar, afinal de contas, por que é que eu gosto tanto de você?

UM JUDEU ORTODOXO NA JANELA

QUANDO O DIÁLOGO É IMPOSSÍVEL, RESTAM O ESPANTO E O SILÊNCIO

Aarón denunciava a impotência do ventilador portátil diante do calor senegalês daquele sábado. No prédio, a imponência, com recuo majestoso e uma figueira centenária sombreando o pátio da entrada. Um apartamento por andar, de seis quartos cada. Sua família numerosa justificava a magnitude do imóvel.

Na cozinha, os vapores perfumados do banquete em preparo. Sua mãe, mancomunada com tia Léa e a avó Mirna, geria o rito culinário feminino que engendraria a orgia gastronômica do Rosh Hashaná. Os aromas exalados eram o êxtase prometido às papilas gustativas (era impossível a indiferença ao convite que faziam aos apetites mais famintos). Aarón há muito conhecia o frenesi da ocasião sobre as mulheres da família. Era um tal de moer peixe, fazer caldo de galinha e preparar grandes compotas que nenhum dos sete filhos ousava a mãe desconcentrar em sua tarefa. Às suas irmãs càbia o cuidado com os mais novos, mas era Berta quem de fato os controlava, com seu pulso firme e gestos nobres de discreto acalento.

Aarón observava a irmã naquele vestido cinza-escuro e meias pretas contendo os pequeninos para que não fossem à cozinha atrapalhar. Com quase dezesseis anos de idade, Berta escondia a juventude sob as cores tristes de suas roupas e a inexistência de ousadias tão característica dos judeus religiosos. Seu nome era virtude e sua aparência, esmaecida.

Aarón era o único na casa que podia estar à toa àquela hora; recém-chegados da sinagoga, estavam todos à vontade, porém bem ocupados. Seu pai preparava com o avô a reza do jantar e tirava do armário os adereços necessários. As crianças brincavam com massinha sob os olhos vigilantes e serenos de sua irmã Berta, e Geni estudava atentamente os livros de harmonia do conservatório de piano. Ninguém se dava conta de que Aarón estava na janela, e de que abria levemente o tecido da cortina para espiar o movimento típico de um sábado de sol.

A loja em frente era de grife, como todas as da rua. Logo na entrada, um *display* com a figura da morena-propaganda dessa marca. De vestido decotado, fundo branco e flores *pink*. As pernas nuas como nunca veria as de sua mãe, ou de suas irmãs, ou de suas primas. Nuas como nunca veria as de nenhuma outra mulher que não fosse a sua esposa sobre o seu leito prolífero.

Nuas, bronzeadas, torneadas e entregues aos olhares mais lascivos. Sobre a coxa, uma das mãos, num movimento que apontava as entranhas. Era difícil desviar daquela foto, esquecer-se da oferta que fazia, "venha", ela dizia, "sorva-se de mim", enquanto a mão se aproximava lentamente do monte pubiano voluptuoso e escancarado.

Paradas em frente à vitrine estavam duas moças, quase tão belas quanto a da foto, um pouco menos glamorosas. Não as via pelo olhar, mas de costas eram a cópia escarrada do cartaz que as atraía: saias mínimas, panturrilhas assanhadas pelo salto (que conferia uma estatura invejável àquelas duas divindades) e miniblusas inversamente proporcionais à altura das garotas. Eram toda a tentação e o desconcerto que um homem poderia experimentar.

O jovem Aarón sentia todas as partículas de seu corpo vibrando em uníssono no desejo pelas moças, ainda que o esforço descomunal de contenção abafasse quase todo o rebuliço fisiológico. Aquelas moças sumariamente vestidas, portadoras das promessas mais sublimes de prazer, eram toda a desgraça e a alegria de que precisava para se sentir palpitante.

Ao lado delas, encolhida, uma senhora suplicava por esmola. O pixaim de seu cabelo se contrapunha ao brilho radioso das madeixas das meninas, que não desviavam as pupilas do vestido prata etiquetado. As duas garças mal notavam a existência da velhinha, que ostentava um pé inchado feito jaca enfaixado em gaze encardida. Deus soubera o que falava quando se referia aos desgarrados como *goys*, e ali estava a prova viva do que era ser o gado, o bando imerso em pouca graça que açoitava os seus olhos. As duas moças encostadas à miséria a ignoravam calmamente, alheias a tudo o que não cintilasse ou ostentasse uma etiqueta.

Já ensaiavam a partida quando foram surpreendidas pela histeria de um amigo. Aos gritinhos empolgados, era tão jovem e exuberante quanto elas, e de uma masculinidade inexistente (ainda que se pudesse notar na anatomia os desígnios divinos). De brancura assustadora e magreza semelhante, o amigo era adornado de correntes e pulseiras prateadas. Abraçaram-se com desprendimento absoluto do que é a sobriedade, num abraço tão obsceno e vazio de sentido quanto a vitrine a que assistiam.

Por mais que o seu corpo latejasse de desejo, sua alma agradecia, aliviada, por não fazer parte daquilo. Aarón sentia à flor da pele o desconforto da vigília e a rigidez de sua família, embora dissesse a si mesmo, como quem se faz ninar, que enquanto estivesse perto deles, e trilhasse o caminho do povo escolhido, mais distante estaria daquela vida de assombros.

A ARTE DO ENCONTRO

MULHER A MODA ANTIGA KIKA SALVI

FIM DE ANO É A CONSAGRAÇÃO DA HIPOCRISIA

KIKA SALVI MULHER A MODA ANTIGA

A miséria alheia só funciona como bálsamo para seres pouquíssimo afeitos à humanidade. Desconheço quem se regozije com os estados de privação desoladores que assolam milhões de esfomeados mundo afora. Mas sou capaz de encher uma folha de sulfite, frente e verso (quiçá duas), com uma lista de distintíssimos afetos cujo prazer reside em constatar que os semelhantes estão a um passo de afogar-se no esgoto.

Explico. Fim de ano é a consagração da hipocrisia. É quando pessoas que não têm o menor vínculo afetivo antipatizam umas com as outras, ou mesmo se detestam, vêem-se obrigadas a confraternizar. Seja na empresa, na família, vizinhança ou reencontro de colégio, tudo conspira para a interpretação coletiva de um papel – o da felicidade. Tem-se a euforia do final (que nunca acaba, já sabemos, mas depositamos esperanças num suposto encerramento de um ciclo), e a agitação frenética para atingir a linha de chegada (que se torna a de partida, e assim sucessivamente, para sempre), e com ela o alívio de poder talvez reinventar-se.

É uma época em que o oxigênio atmosférico parece se alterar, em que as moléculas vibram com histeria, quando todos gesticulam excitados e ensaiam alegria. E quando ocorre o *show* de horror regado à espumante vagabundo e tênder adocicado. A maior concentração de festas por quilômetro rodado – anda-se um pouco e, *voilá*, começa uma. E com ela a encenação.

(É uma época em que deveria ser obrigatória uma chegada ao dentista, porque nunca uma cúspide anômala estará tão exposta e vulnerável quanto agora, assim como a saúde da gengiva e o polimento de seus dentes. É tanto riso, e às vezes goela, com direito a sininho se movendo, que ter cãibra

151

no maxilar é uma dorzinha trivial). Têm início os reencontros.

Primeiro, os de colégio. Curioso como as meninas "populares", aquelas que já eram gostosinhas muito antes de se tornarem debutantes, se tornam adultas gordas. E como as magrelas, despeitadas e sem-sal tornam-se esbeltas e elegantes. Promover o reencontro é dar a chance das feiosas (no passado) desfilarem gostosura (no presente), humilhando as (outrora) opressoras. E o que dizer dos meninos? Se não transbordam de prazer ao constatarem que são os poucos que ainda têm cabelo e não cultivam uma pança, parecem ansiar pelo momento em que o manobrista traz o seu carrão. É o momento em que o sorriso é faiscante.

Há também a festa do escritório. Toda competição e os desafetos parecem sucumbir ao espírito festivo, numa revanche temporária contra a empresa – se não é de bom tom falar mal do chefe ou do colega, detona-se a cúpula e sua estúpida intenção de agradar os subalternos com sidra e panetone. Engendra-se então o denominador comum do evento, objeto-alvo de ironia e desrespeito sobre o qual todos terão algo inteligente e engraçadinho a acrescentar. E dá-lhe boca escancarada de escárnio e goela reverberando! *Cheers!*

Finalmente, a família, sagrado recanto de amor e proteção. Tias velhas, primos distantes e irmãos pouco freqüentados se reúnem em torno do ressequido peru e sua farofa. Nunca ouvi ninguém dizer "nossa, como a tia Helena está serena", ou "que maravilha, o primo Aníbal conseguiu parar de fumar". Parente é incapaz de elogiar, porque de alguma forma elogio depõe contra quem o faz, como se, ao fazê-lo, uma parte sua diminuísse. O recorrente é "finalmente Helena acertou no corte de cabelo" (atenção ao finalmente, dupla repreensão – ela sempre errou no corte de cabelo e demorou demais para acertar) ou então "desde que parou de fumar, Aníbal virou um paquiderme".

Recorrer a citações de grandes mestres sempre teve efeito alentador. Nesse caso, apelar a Nelson Rodrigues parece inevitável: "se o mundo acabar, não se perde nada". *Cheers!*

153

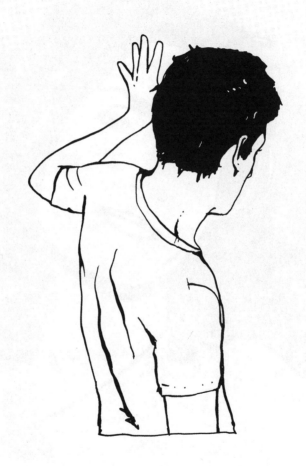

SALVO PELO ARQUIVO MORTO

O REPERTÓRIO DE CITAÇÕES
DE UM INDIVÍDUO DENUNCIA
SEU MODO DE ENCARAR A VIDA

Sempre assisto ao programa de entrevistas de Marília Gabriela. Gosto dela e espero atenta à pergunta obrigatória sobre a citação predileta do entrevistado. Volta e meia reaparece *Carpe Diem* (aproveite o dia ou, mais precisamente, colha o dia, como se fosse um fruto fresco que amanhã estará podre). As citações são bem diversas, indo de Churchill a Jesus Cristo (minha predileta foi "a função social de ter filhos é perdoar os nossos pais", não lembro o autor, citada pela própria Marília), mas poucos se dão conta de que esse encerramento é a parte essencial do *talk show*.

O repertório de citações de um indivíduo denuncia, muitas vezes, seu modo de encarar a vida e a fase que atravessa. Porque é preciso não somente construir um arsenal de referências pertinentes, mas também saber usá-lo, em benefício próprio ou alheio – há ocasiões em que proclamar isso ou aquilo determina o rumo dos acontecimentos.

Diante de um amigo profundamente abatido, por exemplo, cujo desespero prenuncia a prostração absoluta, seguida de trágico evento. Há que, saber o que dizer, não restam dúvidas, pois ele espera acalento, quer ouvir algo que encoraje e possa aplacar a sua angústia.

A primeira técnica que irrompe é a de elevar a auto-estima enaltecendo as qualidades do sujeito. Potencialmente eficiente, mas amigo desconfia de elogios proferidos por quem pretende ajudá-lo. Ele sabe que a ocasião demanda afagos e quaisquer que sejam eles são desprezados *a priori*, justamente por ser a resposta objetiva a uma presença subjetiva – a iminência da ingestão de um chá de cianureto. Diante disso, qualquer um diz maravilhas, e nada é fidedigno.

Recorre-se, então, a alguma autoridade. E como elas raramente estão à mão (não se encontra Nietzsche ou Vinicius de plantão, embora fosse uma grande idéia um pronto-atendimento do além-vida), têm início as citações. E, com elas, a pavorosa responsabilidade sobre o que é enunciado. O agonizante silencio, à espera de um bálsamo. Sem tempo de triagem do acervo ou chance de apelar para a tentativa e erro, são agora dois aflitos, o potencial suicida e o correlato homicida.

Não seria de bom tom evocar o velho Schopenhauer, soltando a máxima "viver é sofrer, querido amigo" (querido amigo é por minha conta). Seria como fornecer a munição para o tiro derradeiro. Melhor deixar essa pra depois, talvez para a final da Libertadores, se o São Paulo não vencer. Passa-se, então, a pensador menos soturno.

Vem a rebote o imenso Sócrates, que inspira o interlocutor do exasperado num acesso de humildade, "só sei que nada sei". Essa é boa, mas só ajuda o orador, não o ouvinte. Reprovada no quesito utilidade, cede espaço à sucessora na corrente da livre associação, e vem Vinicius, "tristeza não tem fim/felicidade sim". Se depender das citações para viver, o pobre amigo optará por um infarto fulminante. O interlocutor pesquisa, escarafuncha e se depara com canções do fundo do baú. Apela então a Glória Gaynor, *I wil survive*, e solta *I've got all my life to live/ I've got all my love to give*, sentindo que está quente, que está chegando lá.

O exasperado lança um olhar enternecido que beira a gratidão. Mas ainda agudiza. Precisa de algo efetivo. E eis que surge reluzente um Milton Friedman e a idéia que lhe renderia o Nobel de economia, *"there's no free lunch, my friend"* (*my friend* é por minha conta). O amigo ensaia um sorriso, enquanto jorram citações poros afora. É o incentivo para que o interlocutor, iluminado, atinja o ápice e declare, para alívio do aflito, o verso de Paulinho da Viola: faça como um marinheiro/ que durante o nevoeiro/ leva o barco devagar. Não importa tudo o que foi dito até esse instante, o que fica é a citação. Pode dar brilho a uma entrevista (ou soterrá-la entre as piores) e até salvar um coração.

WWW.DVSEDITORA.COM.BR